Sbriglio · Immeuble 24 N.C. / Apartment Block 24 N.C.

Jacques Sbriglio

**Immeuble 24 N.C.
et Appartement Le Corbusier**

**Apartment Block 24 N.C.
and Le Corbusier's Home**

Fondation Le Corbusier
Birkhäuser Verlag Basel · Boston · Berlin

Translation from French into English: Sarah Parsons

A CIP catalogue record for this book is available from the Library of Congress, Washington D.C., USA

Deutsche Bibliothek Cataloging-in-Publication Data

Immeuble 24 N. C. et appartement Le Corbusier = Apartment Block 24 N. C. and Le Corbusier's home / Fondation Le Corbusier, Paris. Jacques Sbriglio. [Transl. from French into Engl.: Sarah Parsons]. - Basel ; Boston ; Berlin : Birkhäuser, 1996
ISBN 3-7643-5432-1 (Basel ...)
ISBN 0-8176-5432-1 (Boston)

NE: Sbriglio, Jacques; Parsons, Sarah [Übers.]; Fondation Le Corbusier; Apartment Block 24 N. C. and Le Corbusier's home

© 1996 Birkhäuser – Verlag für Architektur, P.O.Box 133, CH-4010 Basel, Switzerland
© 1996 Fondation Le Corbusier, Paris, pour l'ensemble de l'œuvre de Le Corbusier
Printed on acid-free paper produced from chlorine-free pulp. TCF ∞
Printed in Germany

ISBN 3-7643-5432-1
ISBN 0-8176-5432-1

9 8 7 6 5 4 3 2 1

Foreword

"The groups of modern architects, as the flying corps trying to establish new records or exploring to discover unknown regions, all belong together".

Le Corbusier

The apartment block located at number 24, rue Nungesser et Coli in Paris, designed and constructed between 1931 and 1934 by Le Corbusier and Pierre Jeanneret, has seldom figured as one of the major projects undertaken by these two architects. Instead, it has remained very much in the background, when compared, for example, with the much-celebrated Savoye villa, the Clarté apartment block, or the Swiss Pavilion, projects carried out during the same period. Admittedly, on a purely structural level, this architectural work does not emanate the provocative style that otherwise characterises Corbusian masterpieces. Of classical external design, this building at first glance appears to be merely a typical town apartment house. However, behind this outward form lies a hidden message conveying the expression of modern thought, implicit in the transparency of its facades which "open out onto nature and its environment".

The construction of this apartment block was an important turning point for Le Corbusier and Pierre Jeanneret, since it was the first opportunity offered to them in France to put to the test their theories on the town and architecture that they had been working on since the beginning of the twenties. It is interesting to note that it was as part of the standard property drive taking place at this time, that this experimental project was carried out.

In the introduction to Volume 2 of his "Œuvre Complète", Le Corbusier writes: "What have we accomplished from 1929-1934? In the first place, some buildings, and then a respectable amount of work in the field of town construction. The buildings played the part of laboratorium. All the elements to which we had reached in the course of years should deliver us proofs fortified by experiments in order to take with all certainty the necessary decisions in the field of town construction." (1)

Avant-Propos

«Les équipes d'architectes modernes ou les équipes d'aviateurs partant à la conquête des grands records ou des espaces inconnus, c'est tout un».

Le Corbusier

L'immeuble du numéro 24 de la rue Nungesser et Coli à Paris, conçu et réalisé entre 1931 et 1934 par Le Corbusier et Pierre Jeanneret, est rarement présenté comme un projet clef dans l'œuvre commune de ces deux architectes. Comparée à la notoriété de la Villa Savoye, de l'immeuble Clarté ou du Pavillon Suisse, projets construits au cours de la même période, la renommée de ce bâtiment est de toute évidence plus confidentielle. Il est vrai que celui-ci ne possède pas, au niveau formel, ce caractère provocateur qui est la marque des grandes architectures corbuséennes. D'apparence simple, cet immeuble apparaît au visiteur comme un immeuble de la ville. Seul un regard attentif et cultivé peut deviner le message sur la pensée moderne, qu'exprime la transparence de ses façades «ouvertes sur la nature».

Pour Le Corbusier et Pierre Jeanneret, l'édification de ce projet représente un enjeu important. C'est en effet la première fois dans leur jeune carrière, que leur est offerte en France, la possibilité de tester en vraie grandeur, les hypothèses théoriques qu'ils ont formulées sur la ville et l'architecture depuis le début des années 20. Il est d'ailleurs significatif de noter que c'est dans le cadre d'une banale opération immobilière privée, en tous points identique à celles qui se développent à Paris au cours de cette période, que ce projet expérimental va voir le jour.

Dans l'introduction au tome 2 de l'Œuvre complète, Le Corbusier écrit : «Qu'avons-nous donc fait pendant ces années 1929/1934 ? Quelques bâtiments d'abord, puis beaucoup de grandes études d'urbanisme. Ces bâtiments ont joué le rôle de laboratoires. Nous avons voulu que chaque élément construit pendant ces années-là, fût la preuve expérimentale qui permettrait de prendre en toute sécurité les initiatives indispensables en urbanisme.» (1)

For Le Corbusier, the main focal point of this project was the possibility offered by the land that stretched along rue Nungesser et Coli to create a new form of urbanism. Located on the periphery of the city, between Jean Bouin sports stadium and the open green spaces of the Bois de Boulogne, this site fulfilled "all the conditions of the 'ville radieuse'".

However, due to the fact that it was compulsory to apply town planning regulations imposed by the City of Paris, this creation of a new form of urbanism was to be subject to a number of obstacles. In spite of numerous recriminations, Le Corbusier was to overcome these in a masterly way, offering a completely new interpretation to the architectural design of Parisian apartment houses.

On the architectural side, this project was to apply the "Five Points of Modern Architecture" to the very letter. Le Corbusier had first begun to draw up these points in 1927, at the time when he was working on the Weissenhof Siedlung project in Stuttgart, and which included the concepts of pilotis, the roof garden, open plan design, the transparent facade and the Corbusian "lengthwise" window, all of which were to feature in the construction of the apartment house on rue Nungesser et Coli. This building, which follows the same lines as the Clarté apartment block and the Swiss Pavilion, represents a new course in Le Corbusier's work, namely that of technological architecture advocated by architects such as Marcel Lods and Pierre Chareau and by engineers such as Jean Prouvé and Vladimir Bodiansky. And even though it could be said that the architecture of No. 24 rue Nungesser et Coli is still stamped with purist theories, and that it is merely a symbol of "dry construction", it does nonetheless turn the page on his "purist" period that had until then been the reason for his renown.

More than just a showpiece for these specific features, 24 N.C., as Le Corbusier familiarly called it, was also his own home; he designed an apartment/art studio on the top two floors, in which he lived from 1934 until his death in 1965. And so for more than thirty years, in the role of both architect and occupant, Le Corbusier was to discover the delights and difficul-

C'est donc en premier lieu, la mise en place d'un nouvel urbanisme qui préoccupe Le Corbusier. Et de ce point de vue, les terrains à bâtir le long de la rue Nungesser et Coli, répondent à ses espérances. Situés en limite de la ville, entre les installations sportives du stade Jean Bouin et les étendues vertes du Bois de Boulogne, ils répondent selon lui aux «conditions idéales de la ville radieuse».

Cette possibilité de mise en œuvre d'un nouvel urbanisme va toutefois être remise en cause dans ce projet, par l'obligation d'appliquer le règlement d'urbanisme de la ville de Paris. Malgré de nombreuses récriminations, Le Corbusier va s'affranchir avec un certain brio des contraintes de ce règlement, apportant ainsi une contribution tout à fait originale à la conception de l'immeuble de rapport parisien.

Côté architecture ce projet va appliquer à la lettre les «Cinq points de l'architecture moderne» codifiés par Le Corbusier dès 1927, à l'occasion de sa participation au Weissenhof Siedlung à Stuttgart. Des pilotis au toit-jardin en passant par le plan libre, la façade libre et la fenêtre en longueur, tous ces principes vont acquérir une nouvelle fois valeur démonstrative avec l'édification du bâtiment de la rue Nungesser et Coli.

Côté construction et à l'instar de l'immeuble Clarté ou du Pavillon Suisse, ce bâtiment engage la production de Le Corbusier dans une nouvelle voie. Celle de l'architecture technologique illustrée en France par les réalisations d'architectes comme Pierre Chareau, Marcel Lods ou d'ingénieurs comme Jean Prouvé ou Vladimir Bodiansky.

Même si d'un point de vue critique, on peut avancer que l'architecture de ce bâtiment est encore empreinte des théories du purisme et que sa construction n'est en définitive qu'une métaphore du montage à sec, reste que cette œuvre tourne définitivement la page de l'architecture blanche qui avait fait jusque-là la notoriété de Le Corbusier.

Mais au-delà de toutes ces caractéristiques, 24 N.C., pour reprendre l'appellation familière utilisée par Le Corbusier, est également sa propre habitation. C'est en effet sur les deux derniers niveaux de cet immeuble qu'il va aménager l'appartement/atelier qui lui servira de rési-

ties of being a co-owner, and at the same time, on a daily basis, would put his very own architecture to the test.

It is the combination of all these elements that has led to the writing of this guide, the aim of which is to present the history and architecture of 24 N.C., one of Le Corbusier's and Pierre Jeanneret's least known works, and yet one which played a crucial role both in the history of French modern architecture and in the very life of this famous architect.

Jacques Sbriglio

Nota: For style purposes, only Le Corbusier's name shall in the most part be mentioned when referring to this building, even though this was a joint project carried out by both Le Corbusier and Pierre Jeanneret, partners for the period lasting from 1922 to 1940.

dence de 1934 jusqu'à sa disparition en 1965. Soit plus de trente années au cours desquelles Le Corbusier architecte/habitant, va connaître les délices et les difficultés de la copropriété tout en étant confronté quotidiennement à l'expérimentation de sa propre architecture.

Ce sont en définitive toutes ces raisons qui fondent le pourquoi de ce petit guide dont l'objectif est de présenter 24 N.C., réalisation trop méconnue de Le Corbusier et Pierre Jeanneret et pourtant aussi incontournable pour l'historiographie de l'architecture moderne en France, qu'au regard de la biographie du célèbre architecte.

Jacques Sbriglio

Nota : Par commodité d'écriture, le seul nom de Le Corbusier sera le plus souvent mentionné à propos de cet immeuble bien que cette œuvre soit commune à Le Corbusier et Pierre Jeanneret, associés de 1922 à 1940.

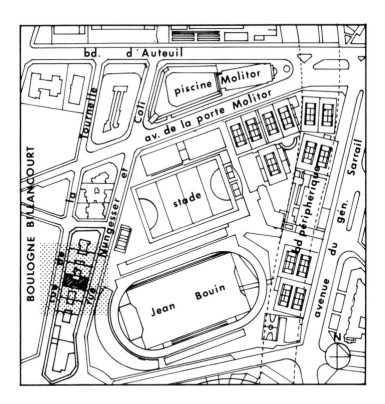

Site plan
Plan de situation

An Orientation Guide
Parcours de Visite

The Site

The apartment block at No. 24 rue Nungesser and Coli is situated on the periphery of the city, just at the point where the fine west Parisian suburbs come into sight, adjoining the district of Boulogne. If travelling there by metro from the centre of Paris, the visitor should take the line that serves Michel-Ange Molitor station. On exiting this station, he should cross over boulevard Exelmans, and, keeping boulevard d'Auteuil to the right of him, go straight on until he comes to Molitor swimming pool. On the left of this swimming pool, an interesting example of the style of architecture used during the inter-war period, stands the row of buildings that make up rue Nungesser et Coli. The apartment block designed by Le Corbusier and Pierre Jeanneret is located in the midst of this row of tall houses, which boasts an average of six or seven storeys.

Even today, the visitor is still immediately struck by the modernity of this architecture, especially when comparing the style of this building to that of the two other constructions that flank it. On the left stands a building constructed by Roux-Spitz in 1931, following the style advocated by the "Ecole de Paris", namely white Hauteville stone, a central bow window, and sash windows. On the right stands an Art Deco style building, constructed by Schneider, also in 1931, with a facade in mixed cladding of stone and brick.

The residential area which accommodates these three buildings was created only shortly before construction started on the latter. At one time, Le Corbusier thought of taking over the entire construction of this area, in order to build one of his famous "villa apartment blocks" that he had first designed in 1922. It was with this intention in mind that he sent a letter and sketch plan to his friend Edward Wanner, an industrialist from Geneva, with whom he had worked on the "Clarté" project a short time previously. It reads as follows: "Dear Sir, we are going to build a block of apartments on the site marked in red on the enclosed plan ... This is one of the finest sites in Paris. We have already worked out the design for the first stage. Would you be inter-

Situation

L'immeuble du numéro 24 de la rue Nungesser et Coli est situé là où la ville se desserre, sur cette limite des beaux quartiers de l'ouest parisien, qui jouxte la commune de Boulogne. Pour s'y rendre en métro, depuis le centre de Paris, il faut prendre la ligne desservant la station Michel-Ange Molitor, sortir et franchir le boulevard Exelmans en laissant sur la droite le boulevard d'Auteuil et se diriger vers la piscine Molitor. Sur la gauche de cette piscine, témoignage intéressant de l'architecture de l'entre-deux guerres, se dresse le front bâti de la rue Nungesser et Coli. Celui-ci est composé d'un alignement de maisons hautes, six à sept niveaux en moyenne sur rez-de-chaussée, sur lequel se trouve, au numéro 24, le projet réalisé par Le Corbusier et Pierre Jeanneret.

D'emblée le visiteur est frappé par la modernité encore actuelle qui se dégage de cette architecture. Cette impression est renforcée quand on la confronte au caractère de l'architecture des deux immeubles qui la bordent. Sur la gauche, un immeuble de Roux-Spitz construit en 1931, dans la ligne de l'architecture de l'Ecole de Paris, pierre blanche de Hauteville, bow-window central et fenêtres «à guillotine». Sur la droite, un immeuble de Schneider construit également en 1931 dont la façade composée d'un appareillage mixte de pierre et de brique est d'inspiration Art Déco.

La date de la création de l'îlot dans lequel viennent prendre place ces trois immeubles, précède de peu celle de leur construction. Un temps, Le Corbusier imaginera pouvoir construire la totalité de cet îlot en y installant un de ses célèbres «immeubles-villas» conçus en 1922. Comme l'indique le courrier, agrémenté d'un croquis, qu'il envoie à son ami l'industriel genevois Edmond Wanner, avec lequel il a réalisé peu de temps auparavant le projet Clarté : «Cher Monsieur, nous allons construire un immeuble locatif à l'endroit représenté en rouge sur le plan ... C'est un des plus beaux terrains de Paris. La première tranche est traitée en principe. Voudriez-vous la réaliser avec vos procédés ? Voyez le thème ... nous aurions en haut (étages 8/9/10/11) des appartements de

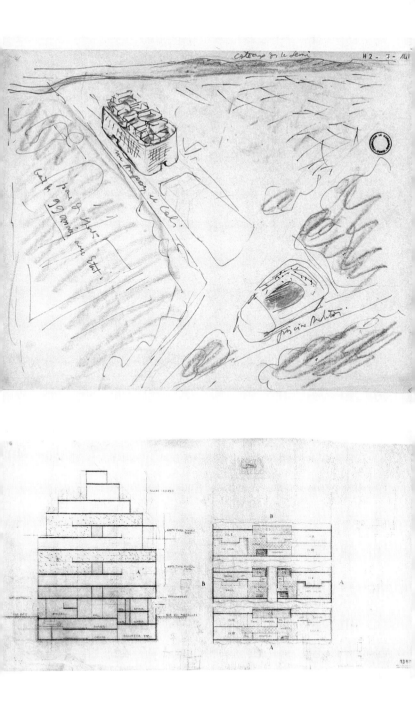

Sketch plan by L.C. sent to E. Wanner
Proposal for a villa-apartment block

Croquis de L.C. adressé à E. Wanner
Proposition d'immeuble-villa

ested in lending your skills to its construction? The design principle is as follows: luxury apartments with gardens on the top levels (floors 8,9,10, 11), for which I already have some clients; there will be sections of "villa apartment blocks" below with long passageways but no terraced gardens. The site measures 48 m x 24 m... If you are interested in working on this project, which will rapidly get underway once the preliminaries have been dealt with, then you would be assigned a considerable portion of the work." (1)

However, this project was never to come to fruition. Le Corbusier's involvement in this residential area was to be restricted only to the construction of a single section measuring 26 m x 13 m, with an east/west exposure, straddling the districts of Paris and Boulogne.

A mapped-out route

As is often the case with Le Corbusier's architecture, the visitor to 24 N.C. is invited to take a stroll of a truly vertical dimension. Entering at the lowest point of the building, where the light is generally at its least favourable, the visitor is vaguely aware that his tour will only come to an end once he has reached the top levels, which, steeped in the full brightness of the sky, merge with the changing contours of the horizon. This type of setting is identical to those in the Savoye villa, the "Unité d'habitation" in Marseilles, and in Le Corbusier's later Indian projects.
The visitor's gaze is first drawn to the "main" facade, overlooking rue Nungesser et Coli; his discerning eye can appreciate the graphic quality of the building's elegant lines, and can examine the different effects achieved by the use of materials that promote the opposing themes of transparency and reflection. He then steps into the austere atmosphere of the entrance hall, from which the sixth floor of the building is immediately accesible by lift. It is here that the visitor's "initiation ceremony" begins, in order to reach Le Corbusier's art studio/apartment on the seventh floor, before arriving at the eighth floor, which houses the long-awaited discovery of the roof garden overlooking the entire surrounding urban

grand luxe avec jardins (j'ai des clients ...) au dessous seraient des tranches d'immeubles-villas (sans jardins suspendus) avec grands corridors. Le terrain est de 48 m x 24 m... Si vous vouliez vous intéresser à cette affaire qui prendrait toute autre allure dès que B entre en combinaison avec A, vous pourriez en exécuter une grande partie» (1).

Cette opération souhaitée par Le Corbusier ne se fera pas. Son intervention à l'intérieur de cet îlot sera limitée à la construction d'une parcelle traversante de 26 m x 13 m d'orientation Est/Ouest située à cheval sur la commune de Paris et de Boulogne.

La visite :
le sens d'un itinéraire

Comme souvent, dans l'architecture de Le Corbusier, c'est à une promenade verticale qu'est convié le visiteur du 24 N.C.. Entré au point le plus bas de l'édifice, là où généralement la lumière est la plus défavorable, celui-ci sent confusément que l'itinéraire se terminera là-haut, par des espaces baignés de ciel, d'où le regard pourra se perdre sur les contours incertains de l'horizon. Cette scénographie est identique à celle mise en œuvre à la Villa Savoye, à l'Unité d'habitation de Marseille ou dans les derniers projets indiens de Le Corbusier.
Après avoir admiré la façade «principale», sur la rue Nungesser et Coli, apprécié l'élégance graphique de ses lignes, scruté ses différents effets de matières qui déclinent tous les thèmes de la transparence et de son contraire, le reflet, le visiteur pénètre dans l'ambiance sévère du hall d'entrée. De là il peut accéder directement par l'ascenseur au niveau 6 de l'immeuble, où commence le parcours initiatique qui permet de se rendre à l'appartement/atelier de Le Corbusier situé au niveau 7, ultime étape avant la découverte, au niveau 8, du toit-jardin qui domine l'urbanisation alentour, offrant des vues jusqu'aux collines de Suresnes. Cette promenade architecturale dans la spatialité corbuséenne, jusqu'au sein de la propre demeure de l'architecte, se double d'un autre intérêt. Celui qui permet de découvrir, à travers la visite de différents appartements, les éléments du nouveau cadre de vie moderne

district, affording views right over to the hills of Suresnes.

This architectural stroll through the Corbusian spatial concept, which leads us right into the heart of the architect's own home, also has another objective: allowing the vistory to discover along his way those elements that make up the new style of modern life, as advocated by the followers of the European architectural avant-garde, represented here by Le Corbusier and Pierre Jeanneret in their design of the apartments for No. 24. Open plan, flexibility, new use of space, and innovative design of fittings: all of these can be seen in the visit of 24 N.C.

The facades

The two front facades of 24 N.C. are only partially identical, the main difference being between the style of their ground floors compared with their upper levels. The glass walls of the facades express a weightlessness and transparency that provide an effective contrast with the relative opaqueness of the facades that flank them. Referring to his choice of materials for these facades, Le Corbusier writes: "This building serves as a witness. In order to put to effective use those advantages offered by this exceptional site, the facades are composed of two glass walls which join on to concrete decks. Hence in each apartment there is one full length glazed wall, which runs from the ceiling right down to the floor" (2). This glass wall thus described by Le Corbusier is neither sealed nor of even surface; only seen from afar does it evoke the wall he had designed some time previously as part of the Cité de Refuge in Paris. The design of this latter building, devoid of opening lights, was based on the idea of "a harmoniously balanced building". Glass walling was likewise used in this construction, a material which would later cause Le Corbusier some serious problems, due to the fact that it still required some research at this time.

Le Corbusier was aware that the first inhabitants would be discouraged by these huge glass walls, afraid that large quantities of heat would escape, thus making the apartments icy

proposés par les tenants de l'avant-garde architecturale européenne, représentés ici par Le Corbusier et Pierre Jeanneret. Plan libre, flexibilité, nouvelle fonctionnalité appliquée aux différents espaces du logement, innovation dans le mobilier... voilà ce qu'offre également la visite du 24 N.C..

Les façades

Les deux façades sur rue de cet immeuble ne sont que partiellement identiques. Elles diffèrent en effet au niveau du traitement de leur rez-de-chaussée et de celui de leurs superstructures.

Conçues sur le principe de l'emploi du pan de verre, elles expriment une légèreté et une transparence qui les opposent à la massivité et à l'opacité relative de celles qui leur sont mitoyennes. A propos du choix de ces façades, Le Corbusier écrit : «Cet immeuble sert de témoin. Pour employer les bienfaits de la situation exceptionnelle, les façades ont été constituées par deux pans de verre placés au-devant des planchers de béton. Chaque appartement possède donc une paroi entière de verre, allant du sol au plafond» (2). Ce pan de verre décrit par Le Corbusier n'est toutefois ni homogène ni hermétique. Il n'évoque que de très loin celui qu'il a utilisé quelque temps auparavant, dans la construction de l'immeuble de la Cité de Refuge à Paris, conçu sans ouvrants, à partir de l'idée de «l'immeuble à respiration exacte». Pan de verre avec lequel il connaîtra d'ailleurs de sérieux problèmes, eu égard au caractère encore imparfait pour l'époque, de cette technologie.

Pour réaliser ces grandes parois vitrées, qui effraieront quelque peu les premiers habitants, soucieux de ne pas subir d'importantes déperditions de chaleur l'hiver dans leurs appartements, Le Corbusier utilise trois matériaux : le verre armé, la brique de verre et la glace claire. Ces matériaux, dont les deux premiers sont employés pour les allèges, sont montés dans des cornières métalliques. Les parties ouvrantes de ces façades sont quant à elles, constituées de châssis coulissants dont les profilés sont ajustés sur ces mêmes cornières.

Avec ce système de façade, Le Corbusier obtient non seulement une luminosité optimale

cold in winter. He therefore purposefully selected three specific construction materials for the walls: wired glass, glass brick and clear glass. These materials, the first two of which act as spandrels, are mounted into metal angle bars. Sliding sash windows constitute the openings in the facade, their rolled sections fitting into the selfsame angle bars. This type of facade not only affords a maximum amount of light, but also frees a large area of extra space inside the apartments, thanks to the sliding sash windows.

The idea of a "glass structure" is not specific to Le Corbusier; it appears throughout the whole history of modern architecture, as witnessed in certain works of architects such as Mel' Nikov, Asplund, Ellis and Clarke, and Mies Van der Rohe, to name but a few. Most of these architects used glass facades in the design of exhibition centres, factories, or office buildings. Le Corbusier's originality lies in the fact that he applies this new technological design feature to private housing. At this time there was only one other architect in France – Pierre Chareau – who was experimenting with this type of design. In fact, the latter's famous house/clinic, built for Doctor Dalsace in 1931, is said to have greatly influenced the architectural style of 24 N.C. Later, however, drawing on a more classical approach, the American architect Philip Johnson, followed up this initial experimentation with his "glass house", built in New Canaan, Connecticut, in 1949.

The "main" facade of 24 N.C. is made up of seven levels above the ground floor; the last two of these, comprising Le Corbusier's apartment/art studio, are slightly set back from the rest of the building. Its structural design is as follows: a column/pilotis, placed in the axis of the facade and slightly out of line with the other buildings in the street, supports a large entablure, forming a large glass wall; attached to this, forming overhangs, are several architectural components. The first constitutes an open balcony with a railing made out of metal sheeting, painted in black. The second is a large bow window, which acts as an extension for the apartments on the third, fourth and fifth floors. This rectangular-shaped bow window is divided into five horizontal layers alter-

mais réalise également, par le choix de ses châssis coulissants, un gain d'espace appréciable à l'intérieur de ses appartements.
L'idée d'une architecture de verre n'est pas spécifique à Le Corbusier. Elle traverse toute l'histoire de l'architecture moderne comme le montrent certaines œuvres de Mel' Nikov, Asplund, Ellis et Clarke, Mies Van der Rohe ... pour ne citer que quelques noms. Chez la plupart de ces architectes, l'utilisation du verre en façade, correspond le plus souvent à des projets concernant des pavillons d'exposition, des manufactures ou des immeubles de bureaux... A contrario, ce qui fonde l'originalité de la démarche de Le Corbusier dans l'emploi de cette nouvelle technologie, c'est qu'il cherche à l'appliquer à l'architecture du logement. Et il n'est guère, en France, qu'un architecte comme Pierre Chareau, avec sa célèbre maison/clinique pour le docteur Dalsace, réalisée en 1931, et dont la rumeur dit qu'elle aurait grandement influencé l'architecture de l'immeuble de la rue Nungesser et Coli, pour partager avec Le Corbusier ce type de recherche.
Plus tard et d'une façon peut-être plus académique, l'architecte américain Philip Johnson poursuivra cette recherche avec sa «maison de verre» construite à New Canaan dans le Connecticut en 1949.

La façade «principale» du 24 N.C. comporte sept niveaux sur rez-de-chaussée dont les deux derniers, réservés à l'appartement/atelier de Le Corbusier, sont en retrait. Sa composition est organisée de la façon suivante : une colonne/pilotis placée dans l'axe, en léger décalé par rapport à l'alignement sur rue, supporte un grand entablement. Celui-ci est constitué par un grand pan de verre, sur lequel viennent en saillie, s'accrocher différents éléments. Le premier, au second étage, est un balcon filant, dont le garde-corps est fait de plaques de tôle perforée peintes de couleur noire. Le deuxième est un grand bow-window qui prolonge à l'extérieur l'espace des appartements situés aux troisième, quatrième et cinquième étages. Ce bow-window, de forme rectangulaire est divisé sur sa hauteur en cinq bandes horizontales qui alternent des panneaux de briques de verre pour les allèges et des ensembles vitrés en glace claire pour les ouvertures. Dans sa partie supérieure, ce bow-window sert de balcon à l'appartement du cinquième étage.

Facade overlooking rue Nungesser et Coli
Façade rue Nungesser et Coli

nating in glass brick for the spandrels and clear glass for the openings. The upper section of this window serves as a balcony for the fifth floor apartment.

Below, a balcony made up of horizontal metal hand rails, black in colour, runs along the whole length of the facade.

The next to last floor of the building, housing Le Corbusier's studio, is entirely glazed. However, the finishings for the glass wall are completely different to those for the lower levels.

Le Corbusier provides us with very little information concerning the structural details of this building. All we know is that the town planning regulations applicable in 1931, at the time of this project, forced him to modify the bow window system that he had initially planned in his first design. This constraint, to which we will later return, forced Le Corbusier to rethink his facade so that it would follow a more unitarian style. This was achieved through adopting a symmetrical axis, thus enabling him to join together the bow window system and to play on the depth of the facade. Le Corbusier did not consider it a problem that this was a relatively high building situated between terraced houses on a narrow strip of land; instead, he took advantage of this, playing on the idea of contrast. The vertical section of the building, comprising a superposed structure made up of the entrance hall, the first floor balcony, the bow window, and the two floors set slightly back from the rest, contrasts with the six horizontal translucent layers which make up the spandrels, and the six transparent layers of the facade's openings.

Another theme which adds to the rich design of the facades of 24 N.C. is that of a "lengthwise window". This concept had already been used by Le Corbusier in his purist-style villas, and is again used here in this collective housing project, in a very original way. The originality lies firstly in the fact that the window stretches lengthways over two parallel sections (like in the La Roche villa), namely those of the bow window and the facade itself. Secondly, Le Corbusier has managed to create the illusion that all the openings in this facade are mounted on spandrels (in accordance with the principle of the Corbusian "lengthwise" window); in reality however, this is not the case,

Au-dessus, un balcon fait de lisses métalliques horizontales de couleur noire court sur toute la largeur de la façade.

L'avant-dernier niveau de l'immeuble, qui correspond sur la rue Nungesser et Coli à l'atelier de peinture de Le Corbusier, est entièrement vitré. Toutefois, le dessin de cette partie des menuiseries du pan de verre diffère de celui des niveaux inférieurs.

Le dernier niveau visible depuis la rue, en retrait par rapport à l'alignement, est affirmé par la présence du système de voûtes qui couvrent l'atelier et la chambre d'amis donnant sur le toit-jardin.

Sur son principe de composition, Le Corbusier fournit peu d'explications. On sait seulement que le règlement d'urbanisme applicable en 1931, au moment de la conception de ce projet, l'a obligé à modifier l'utilisation de bow-window qu'il avait envisagé dans une première étude. Cette contrainte règlementaire, sur laquelle on aura l'occasion de revenir par la suite, va amener Le Corbusier à penser sa façade selon une composition plus unitaire et ce grâce à l'emploi d'un axe de symétrie qui lui permet à la fois de réunifier le système du bow-window et d'organiser le travail en épaisseur de cette façade. Confronté au problème de la construction entre mitoyens d'un immeuble relativement haut sur une parcelle étroite, il tire parti de cette situation en jouant sur une opposition. A la verticalité de la séquence représentée par la superposition du porche d'entrée/du balcon du premier étage/du bow-window et des deux étages en retrait, il oppose l'horizontalité des six bandes translucides des allèges et des six bandes transparentes des ouvertures de cette façade.

Un autre thème qui vient enrichir la conception des façades du 24 N.C. est celui de «la fenêtre en longueur». Déjà utilisé par Le Corbusier dans l'architecture de ses villas puristes, ce thème est reconduit ici, dans un projet de logements collectifs, d'une manière tout à fait intéressante. D'abord parce que la fenêtre en longueur s'exprime sur deux plans parallèles (comme dans la villa La Roche) qui sont ceux du bow-window et de la façade elle même. Ensuite parce que Le Corbusier parvient à donner l'illusion que toutes les ouvertures de ces façades sont sur allèges (selon le principe de

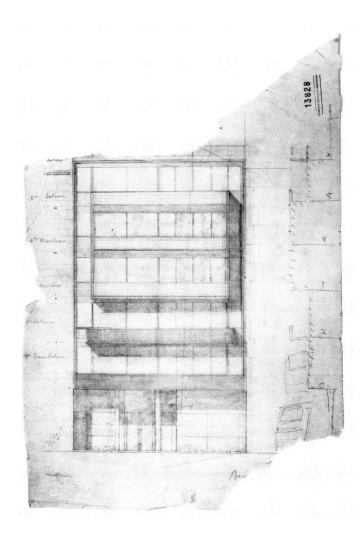

Sketch of the facade overlooking rue Nungesser et Coli
Esquisse de façade rue Nungesser et Coli

as can be seen for example with the facades of the second and fifth floors, which comprise huge sliding sash windows opening out onto a balcony. Le Corbusier employs subterfuge in order to achieve a homogeneous effect out of heterogeneous elements. He plays on the design and construction materials of the balcony railings, thus visually blocking (from a surface perspective) the design of the large sash windows set back from the rest of the building. For the fifth floor balcony, Le Corbusier takes this effect one step further, by incorporating a glass brick railing, in the same style as the spandrels which adjoin it.

From the very start of the design stages for 24 N.C., Le Corbusier had planned on using metal in the building's construction. Just before this project, he had already experimented with this design feature in his Clarté apartment block in Geneva, and he was to work with it again on his Swiss Pavilion as part of the "Cité Universitaire" project in Paris. However, for reasons of cost he rapidly abandoned this idea and instead opted for a framework in reinforced concrete. Metal was only to be used in the facades, and comprised visible rolled sections, intended to accommodate the various components of the glass wall. This metal structure is positioned on the edge of each floor decking, the external section of which is covered in black metal sheeting with the aim of obtaining a flow of continuity between the style of the main framework and the frames for the glass wall. However, due to insufficient financial resources, there are points where this metal sheeting is non-existent. Such is the case for the upper deck of the ground floor on the side of rue de la Tourelle. Here it is the concrete itself that is painted in black in order to create the impression of continuity. The intensely black graphical lines of these metal components, combined with the transparent, semi-transparent, or at times, translucent effect produced by the infills of various different materials, are the product of a design concept that is a striking illustration of Le Corbusier's twin fascination for industrial-style architecture and the phenomenon of the "housing machine".

la fenêtre en longueur), ce qui n'est pas le cas, comme le montrent par exemple les façades du deuxième et cinquième étage, qui comportent de grands châssis coulissants ouvrants sur un balcon. Pour parvenir à un résultat qui rende homogène des dispositifs qui au départ sont hétérogènes, Le Corbusier utilise un subterfuge. Il joue sur le dessin et le matériau des gardes-corps de ces balcons qui viennent ainsi masquer visuellement (seulement en géométral) le dessin des grands châssis situés en retrait. Dans le cas du balcon du cinquième étage, Le Corbusier pousse même le jeu de mettre en œuvre un garde-corps en briques de verre, de même nature que les allèges qui le jouxtent.

Dès le démarrage des études du 24 N.C., Le Corbusier pense utiliser un procédé de construction métallique pour son projet. C'est avec cette technologie qu'il vient d'édifier l'immeuble Clarté à Genève et qu'il va réaliser le Pavillon Suisse à la Cité universitaire de Paris. Très vite et pour des questions de coût, il abandonne cette solution au profit d'un système constructif en béton armé. Seules les façades seront réalisées en métal à partir de la mise en œuvre d'une structure métallique constituée de profilés apparents destinés à recevoir les différents éléments du pan de verre. Cette structure sera posée sur l'extrémité de chaque plancher qui recevra, côté extérieur, une plaque de tôle de couleur noire dans le but d'obtenir une continuité entre l'expression de l'ossature principale et les encadrements du pan de verre. Parfois, pour des raisons d'économie, cette plaque n'existe pas (comme dans le cas du plancher haut du rez-de-chaussée sur la rue de la Tourelle) et c'est le béton lui-même qui est peint en noir pour créer là aussi l'illusion d'une continuité. Les lignes noires très graphiques de l'ensemble de ces éléments métalliques, conjuguées aux effets de trames transparents, semi-transparents, ou translucides produits par les remplissages en matériaux de nature différente, expriment une pensée plastique qui illustre bien la double fascination de Le Corbusier pour le monde de l'architecture industrielle et le mythe de la machine à habiter.

Entrance facade of rue Nungesser et Coli
Entrance hall

La façade d'entrée rue Nungesser et Coli
Le hall d'entrée

The entrances

The entrances and superstructures of the up-
permost levels are the only two places in this
building where the facades shed their otherwise strictly uniform style. This is due both to
changes in the programme and to the different
functions that these spaces perform in the
overall project. The external aspect of the main
entrance hall, situated in rue Nungesser et
Coli, is somewhat austere in style, due to the
sophisticated effect created by the range of
construction materials used: white marble,
fluted cement, and large glazed areas con-
cealed by sliding oak shutters. A gently-sloping
ramp allows access from the street, literally
gliding between two structural parts. The first,
on the left, is the caretaker's lodge; the second, on the right is the "bachelor's pad" so-
called by Le Corbusier, but which in fact is just
an ordinary studio apartment.

The boundary between the exterior and the interior is marked by the entrance porch, for
which the floor of the entrance hall on the first
level acts as a ceiling. This boundary faithfully
follows the "open plan" concept, and links up
protruding and receding parts of the building
around the load-bearing point which marks the
symmetrical axis of the facade. The entrance hall, 3.50 m high, assumes a somewhat
remarkable shape; once past the glass door,
the visitor finds himself in a relatively narrow
space which curves its way towards the centre
of the building. Facing him on the left is a second circular column which counteracts the
equally curved projection of the wall that follows the course of the staircase providing access to the upper floors. The further into the
building the visitor proceeds, the more spa-
cious it becomes, finally spilling out into a second lobby, square in shape and of distinctly
different style to the first entrance hall. This
lobby, in the diagonal angle of which stands
a third circular column, is lit by a series of sky-
lights; daylight filters in through these from
the inner courtyard situated directly above this
area. On the right-hand wall of this lobby is
a large mural dedicated to the "poem of the
right angle", which was added after Le Corbusier's death. The complete lack of decoration
creates an overall atmosphere of austerity (3).
Everything is in white and grey, bathed in a

Du traitement des entrées

Les entrées et les superstructures des derniers
niveaux sont les deux lieux de cet immeuble
dans lesquels les façades perdent leur caractère de stricte similitude. Celà est dû bien sûr
à des variations de programme mais également aux statuts différents que ces espaces
occupent dans le fonctionnement de ce projet.
Le hall d'entrée principal est situé rue Nungesser et Coli. Bien que sobre, son traitement en
façade, ne serait-ce que par les matériaux employés, marbre blanc, béton cannelé, grands
volumes vitrés occultés par des volets roulants
en bois de chêne ... est très sophistiqué. L'accès à ce hall depuis la rue se fait par une très
légère rampe qui vient se glisser entre deux
volumes. Le premier à gauche est celui de la
loge du concierge, le second à droite est «la
garçonnière» comme l'appelle Le Corbusier,
dans la réalité un simple studio.

La limite entre l'extérieur et l'intérieur est mar-
quée par le porche de l'entrée dont le plafond
est constitué par la dalle du plancher d'entrée
du premier niveau. Cette limite, fidèle au principe du «plan libre», enchaîne volumes
saillants et rentrants, autour du point porteur
qui marque l'axe de symétrie de la façade.
D'une hauteur de 3 m 50, le hall d'entrée possède une forme surprenante. Passée la porte
vitrée, le visiteur se trouve dans un espace relativement étroit qui part en courbe vers le
centre de l'édifice. Face à lui sur la gauche, un
deuxième poteau circulaire joue en contre-
point de la protubérance également courbe de
la paroi de l'escalier donnant accès aux étages. Au fur et à mesure du cheminement, l'espace se dilate pour laisser la place à un second hall, distinct du premier et de forme sen-
siblement carrée. Ce hall, sur la diagonale duquel se trouve un troisième poteau circulaire,
est éclairé par une série de lanterneaux qui
prennent le jour dans la cour intérieure se
trouvant au dessus de cet espace. Un grand
panneau mural consacré au «Poème de l'angle
droit», installé après la mort de Le Corbusier,
occupe la paroi située à droite de ce hall.
L'ambiance générale assez austère provient
d'une absence totale de décoration (3). Tout
est blanc et gris à la fois, baigné par la lumière
sépulcrale qui traverse les panneaux de verre
dépoli disposés en plafond.

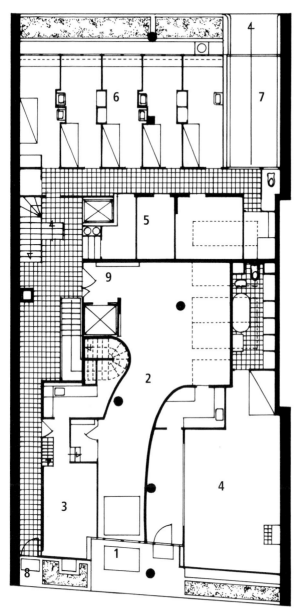

1 – Porch
2 – Entrance hall
3 – Caretaker's lodge
4 – Studio apartment with kitchen and wash areas
5 – Utility areas: laundry rooms etc.
6 – Domestic staff quarters
7 – Car park ramp
8 – Service entrance
9 – Lift allowing access to floors

1 – Porche
2 – Hall d'entrée
3 – Loge du concierge
4 – Studio avec cuisine et sanitaires
5 – Services : buanderies etc.
6 – Logements domestiques
7 – Rampe d'accès parking
8 – Entrée de service
9 – Ascenseur d'accès aux étages

tomb-like light that filters through the frosted glass fitted into the ceiling.

A lift provides access to the apartments from this lobby and allows visitors to access all six floors of the building. A service entrance situated along the front of the building, provides access to the small courtyard which can be seen from the kitchen in each apartment, and to the domestic quarters. The garages (4) can be accessed by a second entrance, situated on rue de la Tourelle.

"Made to measure" apartments

The project assigned to Le Corbusier in 1931 was the result of an original plan for fifteen apartments. In its brochure, the Société Immobilière de Paris/Parc de Princes, property developer for this venture, writes that "there are apartments to buy or rent on a superb site, with views over the Bois de Boulogne...and with Jean Bouin et Rolland Garros stadium, Parc de Princes velodrome, the race course, and a sports centre (tennis courts, swimming pool, race tracks, hockey pitches) all close at hand". The message they were trying to put across is clear. In order to sell their apartments, the property developers of this project had decided to target their clients (perhaps following Le Corbusier's advice) with regards to certain facilities which had by then become an important part of the modern way of life. Sports and leisure activities are an example of this (a theme already treated in the theory of the "Ville Radieuse", written in 1931); around this time these activities were to take on a vitally important role in the lives of the middle class.

After describing the site of this project, the brochure then details the technical features of the apartment block. "First-class construction materials, sound-proofing, central heating, running hot water, fitted bathrooms, lifts, laundries, drying rooms, and garages with private parking spaces".

The final, and perhaps most innovative aspect of this brochure is its marketing drive regarding the flexibility of the apartments and the

Depuis ce hall d'entrée, l'accès aux appartements se fait par un ascenseur qui dessert les différents paliers des six niveaux de l'immeuble. Une première entrée de service, située en façade, permet l'accès à la courette sur laquelle s'ouvrent les cuisines des appartements et aux chambres de service. Les garages (4) sont accessibles par une seconde entrée, rue de la Tourelle.

Des appartements à la demande

Le projet confié à Le Corbusier en 1931 portait sur l'étude de quinze logements. Dans son dépliant publicitaire, la Société Immobilière de Paris/Parc des Princes, promoteur de cette opération, mentionne : «appartements à souscrire ou à louer – situation unique – vue sur le Bois de Boulogne … stade Jean Bouin et Rolland Garros – vélodrome du Parc des Princes – champ de courses – centre sportif (tennis, piscine, courses, hockey)». Pour les promoteurs, le message à faire passer est clair. Pour vendre leurs appartements ils désirent cibler leur clientèle (peut-être sur les conseils de Le Corbusier) à partir de certains thèmes chers à la modernité, comme celui du sport et des loisirs (présent bien sûr dans la théorie de la Ville Radieuse déjà rédigée en 1931) et qui, au cours de ces années-là, connaissent un large succès dans les classes moyennes.
Après avoir présenté l'environnement de ce projet, ce dépliant publicitaire enchaîne sur les caractéristiques techniques de l'immeuble : «matériaux de 1er choix, insonorisation des appartements, chauffage central, eau chaude, salles de bains aménagées, ascenseurs, buanderies, séchoirs, garages avec box…».
Enfin, et c'est peut-être sur ce dernier point que la promotion faite autour de cette opération semble la plus innovante, apparaît tout un discours sur les notions de flexibilité et de personnalisation des appartements : «la grandeur de l'appartement de même que le nombre de pièces peuvent être modifiées selon le désir du preneur... avec possibilité d'aménagement personnalisé…».

A la mi-octobre 1931, Le Corbusier et Pierre Jeanneret établissent un dossier de plans

S.I.P.'s advertising brochure
Dépliant publicitaire de la S.I.P.

option of personalising them: "the size of the apartment and the number of rooms can be adapted according to the needs of the buyer".

In the middle of October 1931, Le Corbusier and Pierre Jeanneret produced a series of construction drawings setting out the following layout designs:
– two apartments per floor for the first three levels (with an option of three apartments for the third floor);
– three apartments per floor for the fourth and fifth levels;
– two apartments on the sixth floor.

In this layout, the standard floor plan is as follows: there are lifts situated on the service passage landing overlooking a small courtyard; these provide access to two apartments. The first of these apartments faces east, overlooking rue Nungesser et Coli; the second one faces west, looking out onto rue de la Tourelle. The east-facing apartment is accessed by a gallery whose curved wall reflects the light from a communal courtyard. This gallery allows access to a service block (comprising a kitchen, study, waste disposal unit and bathroom with toilet and sink), a large bedroom/study, which soaks up the sunlight from the communal courtyard, and to which is adjoined an en-suite bathroom and a living room, known as the "common room" (leading onto a kitchen) which opens out onto a second bedroom, into which the afternoon sun floods, and which shares the same bathroom as the preceding bedroom. This is a three-roomed apartment with a total surface area of about 120 m². There is a balcony on both the second and fifth floors whilst on the third and fourth floors bow windows effectively increase the surface area of the respective living rooms.
The west-facing apartment is slightly smaller. It has a surface area of around 110 m². The layout of the gallery is based on the same design as the above. However, there is also an additional corridor, situated at a perpendicular angle to this gallery, which provides access to three bedrooms (compared with two in the east-facing apartments); these bedrooms are all centred around a bathroom.

d'exécution qui fait apparaître le découpage suivant :
– deux appartements par niveau pour les trois premiers étages (avec une variante à trois appartements pour le troisième étage),
– trois appartements par niveau pour les étages quatre et cinq,
– deux appartements pour le sixième étage.

Dans cette distribution, le plan d'étage courant s'organise de la façon suivante : depuis le palier des ascenseurs situés le long de la passerelle de service donnant sur une courette, on peut accéder à deux appartements. Le premier est orienté à l'Est sur la rue Nungesser et Coli, le second à l'Ouest sur la rue de la Tourelle. L'appartement Est est distribué par une galerie dont la paroi courbe prend le jour sur une cour commune. Cette galerie dessert un bloc technique (qui comprend une cuisine, un office, un débarras et un sanitaire lavabo et wc), une grande chambre/bureau (prenant également le jour sur la cour commune et en liaison avec une salle de bains) et une salle de séjour, dite «salle commune» (en liaison avec la cuisine), qui distribue à son tour une seconde chambre, éclairée en second jour et partageant la salle de bains avec la chambre précédente. Cet appartement est en fait un trois pièces dont la superficie approche les 120 m². Au deuxième et cinquième étage, celui-ci comporte un balcon tandis qu'aux troisième et quatrième étages il bénéficie du bow-window qui vient augmenter la superficie de la salle de séjour.
L'appartement Ouest est légèrement plus petit. Sa superficie est d'environ 110 m². Le principe de distribution de la galerie est le même que le précédent. Toutefois, un couloir supplémentaire, perpendiculaire à cette galerie, dessert une zone nuit qui regroupe trois chambres, au lieu de deux dans l'appartement Est, articulées autour d'une salle de bains.
Applicable aux trois premiers étages de cet immeuble, ce plan d'étage courant sera modifié par la suite pour réserver aux deux premiers niveaux, l'organisation de trois appartements. Dans le cas d'une partition de l'étage courant en trois logements, celle-ci s'organise de la façon suivante : sur la façade Est l'appartement est inchangé par rapport aux dispositions de l'étage courant tandis que sur la façade Ouest l'appartement est recoupé en deux parties,

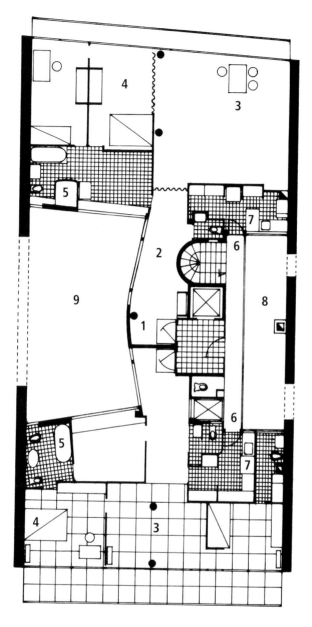

1 – Entrance
2 – Passage
3 – Living room
4 – Bedroom(s)
5 – Bathroom
6 – Service entrance
7 – Kitchens
8/9 – Interior courtyards

1 – Entrée
2 – Dégagement
3 – Séjour
4 – Chambre(s)
5 – Salle de bains
6 – Entrée de services
7 – Cuisines
8/9 – Cours intérieures

This standard floor plan was originally the same for the first three levels of this building, but was later modified to accommodate three apartments on the first two levels.

The design layout of the standard floor plan split into three apartments is as follows: on the east side, the apartment remains unchanged, whilst on the west side, it is separated lengthwise into two sections by a wall which follows the same course as the gallery. This adaptation enabled two small apartments to be incorporated into the design layout. The first is a two-roomed apartment linked to the service block in the standard floor plan, within which there is a bathroom in addition to the kitchen. The second apartment has three rooms – a living room, study and bedroom – plus a small kitchen.

The two apartments on the sixth floor remain faithful to the main design features of the standard floor plan, with only a few minor differences concerning the surface area and room layout, such as a smaller living room and kitchen, or a study instead of a bedroom etc.

The main architectural characteristics of these apartments are the notion of flexibility, made possible by the use of open planning, the large amount of light that streams in through the glass wall, the interior courtyard which allows light to penetrate into the heart of a building with an average length of 25 metres, and lastly the technical quality of the various fittings, designed to provide "modern comfort".

As for Le Corbusier's apartment, its design layout is so specific, that it is only appropriate to dedicate an entire chapter to it in this guide.

dans le sens de la longueur, par une paroi qui suit la direction de la galerie. Cette modification permet de distribuer deux petits logements. Le premier est un deux pièces connecté sur le bloc technique de l'étage courant dans lequel est aménagée en plus de la cuisine, une salle de bains. Le second est un trois pièces (une salle, un bureau, une chambre) à l'intérieur duquel a été aménagée une petite cuisine.

Quant aux deux appartements du sixième étage, ceux-ci reprennent les grands principes de l'étage courant avec toutefois des modifications mineures au niveau de la superficie et de l'organisation des différentes pièces : salle commune et cuisine plus petite, transformation d'une chambre en bureau etc…

Ce qui caractérise d'une façon générale l'architecture de ces différents appartements c'est d'abord cette idée de flexibilité rendue possible par la mise en œuvre du plan libre, ensuite leur grande luminosité qui provient du pan de verre et du système des cours intérieures permettant d'amener la lumière au cœur d'une construction dont la longueur moyenne est de 25 mètres, enfin la qualité technique des différentes installations destinées à apporter «le confort moderne».

Quant à l'appartement de Le Corbusier, l'histoire de son aménagement est tellement spécifique qu'il apparaît opportun dans ce guide de lui consacrer un chapitre.

"My Apartment"
«Mon Appartement»

"My Apartment"

"A great event occured this morning: we carried up the large fireside sofa, with some difficulty, I might add, and installed it in the apartment. And suddenly the whole place looked snug, just like a 'real home'. Yvonne is delighted. At last we can invite our guests to sit on a settee to drink their coffee. This all goes to show that there is a long road to travel down before one can become officially accepted as a member of the middle class" (1).
Le Corbusier
26 November 1934

Le Corbusier's apartment takes up the top two floors of the building situated on rue Nungesser et Coli. The conditions under which its design and construction were carried out differ greatly from those for the rest of the project, so much so that this part of the construction does not even figure in Le Corbusier's design drawings for the building's facade. Having spent seventeen years as residents at 20 rue Jacob, in the centre of Paris near Saint Germain des Prés, Le Corbusier and his wife attained the status of "citoyens radieux" with their new abode, which comprised not only an apartment, but also an art studio (2). From this point on, Le Corbusier's life was divided into three different worlds: his architectural practice at 35 rue de Sèvres, his art studio at rue Nungesser et Coli, and his private apartment. Three completely different worlds, even if the latter two shared not only the same address but also the very same floor!
Apart from those years between 1940 and 1942, during which Le Corbusier lived in the south west of France, and discounting his trips away and the time he spent in Roquebrune-Cap-Martin, Le Corbusier and his wife were to live at rue Nungesser et Coli for nearly a quarter of a century. And it was in this apartment that Yvonne Le Corbusier passed away on 6 October 1957.

In an interview he gave in January 1951, Le Corbusier presented the following description of his apartment:

"The apartment measures 24 m in length, including the balcony. Light floods in on either

«Mon Appartement»

«Grand événement ce matin : on a monté, non sans combines, le grand divan du coin du feu. Et tout a pris un air pépère ‹comme chez les gens›. Yvonne est ravie. Enfin, nous pourrons offrir un café sur un canapé. Comme quoi il faut acquérir par une longue route, ses droits d'entrée dans la société bourgeoise» (1).
Le Corbusier
26 novembre 1934

L'appartement de Le Corbusier est situé sur les deux derniers niveaux du 24 N.C.. Sa conception et sa réalisation vont avoir lieu dans des conditions particulières par rapport à l'ensemble du projet, à tel point que Le Corbusier ne le représente jamais dans les différents dessins de façade qui concernent cet immeuble. Après dix-sept années passées au 20 de la rue Jacob, dans le centre de Paris, à proximité de Saint-Germain-des-Prés, Le Corbusier et sa femme atteignent, avec leur nouveau domicile, le statut de «citoyens radieux». Nouvel appartement mais également premier atelier de peintre (2). Désormais la vie de Le Corbusier va être partagée entre trois univers : l'atelier d'architecture du 35 rue de Sèvres, l'atelier de peinture de la rue Nungesser et Coli et son appartement. Trois univers bien différents, bien séparés, même si les deux derniers sont situés à la même adresse et au même étage !
Si l'on excepte la coupure de 1940/42 durant laquelle Le Corbusier réside dans le sud-ouest de la France, les voyages et les séjours à Roquebrune-Cap-Martin, c'est durant plus d'un quart de siècle que Le Corbusier et sa femme vont résider rue Nungesser et Coli. C'est d'ailleurs là qu'Yvonne Le Corbusier s'éteindra le 6 Octobre 1957.

Dans un entretien réalisé en janvier 1951 Le Corbusier présente ainsi son appartement:

«...Avec son balcon qui le prolonge, l'appartement fait 24 m de profondeur, (de longueur), avec l'éclairage aux deux extrémités, plus un petit éclairage volé au passage dans des cours, mais de telle façon à capter le soleil, même en hiver, et puis la largeur est extrêmement faible, ça a juste 4 m de large et, la salle à manger, ma grande salle à manger que vous voyez là, a

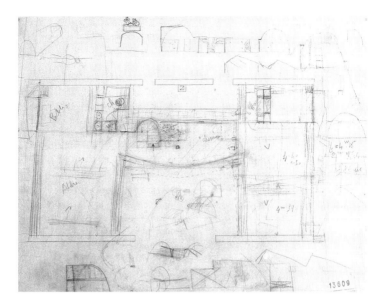

Design sketch for L.C.'s apartment
Esquisse d'aménagement de l'appartement L.C.

side, and some sunshine creeps in from the courtyards and lingers, even in winter. It is however, incredibly narrow in width, measuring a mere 4 m; my dining room – that huge dining room you can see there, measures 4 m in width and the area that links it to what you so ostentatiously call my living room, measures only 2 m 20!

Yet having said all this, everything is of proportionate size. The standard height of the apartment is 2 m 50, which means we don't have to stoop anywhere; this height in fact forms part of the dimensions that were stipulated by the local authorities. Two archways are even higher than this – one in the studio, measuring around 3 m 50 in height, and one here in the dining room, measuring around 3 m. When I open my doors, I can see from one side of the apartment to the other, though don't imagine this creates an austere effect – on the contrary, it's very homely, thanks to my research on all the ways of opening a large door. It is normal practice for a large wall opening to have two or three folding doors. I remember once, when I was in Majorca, in Palma, I visited a house somewhere – I don't know, some sort of old royal domain, and in the parts which dated from the Middle Ages there was a fairly wide door which opened outwards on its left pin; as it opened out, its arm became fully extended, in a very dignified way – this created the impression of material well-being, of the owner pushing open the door and saying 'this is my home'. Anyway, this stayed in my mind for a long time, and so instead of hanging my doors on a pin, even though they are 2 m 20 wide, which is a huge space, I positioned them on two non-symmetrical pivots, at the top and at the bottom, around 50 cm on one side and 1 m 80 on the other. This means that I didn't need to use any metalwork at all, and that there is no strain placed on the hinges. Even after seventeen years, these doors have remained intact, in spite of the poor conditions that they were exposed to for a period of seven years, caused by the German occupation and lack of adequate heating. They're made out of wood, they're light, and they can be opened with the push of one's little finger" (3).

4 m de large et puis ce qui la relie à ce que vous appelez pompeusement mon salon, qui n'est, qu' une toute petite chose, et bien ça a 2 m 20 de large : tout simplement.

Seulement il y a de la proportion entre tout. C'est la hauteur, la hauteur par où nous passons partout, est de 2 m 50, à cause des gabarits que m'a imposés la municipalité, alors il y a des échappements à cette hauteur de 2 m 50, n'est-ce-pas, par deux voûtes qui se trouvent l'une dans l'atelier vers 3 m 50 et puis ici dans la salle à manger vers 3 m. Quand j'ouvre mes portes, je vois tout à travers l'appartement, seulement ce n'est pas solennel, c'est intime. J'ai vu la façon d'ouvrir une grande porte. Il est d'usage quand on veut une grande baie d'ouvrir à deux battants ou trois battants, en la repliant. Je me souviens une fois, étant à Majorque, à Palma de Majorque, j'ai visité une maison, quelque part, je ne sais pas une seigneurie quelconque, il y avait dans les choses du Moyen-Age, une porte assez large qui s'ouvrait sur son gond à gauche, au moment où elle s'ouvrait, le bras s'étendait en plein et ça vous donnait une impression de dignité, de bien-être, le bonhomme qui pousse sa porte, il est quelqu'un qui entre chez lui. Alors je me suis souvenu de ça bien des années après et alors, au lieu de faire porter mes portes sur un gond, elles ont 2 m 20 de large, c'est très grand, et bien je les ai mises sur un pivot qui se trouve placé non symétriquement, à environ 50 cm d'un côté pour 1 m 80 de l'autre. Ces deux pivots en bas en haut font que je n'ai pas de serrurerie du tout, aucun effort sur les fermentes, enfin sur les, les comment appelle-t-on ça, les charnières, etc … aucun effort de ce côté-là.

Ces portes depuis 17 années, qui ont traversé tous les ennuis de l'occupation et du non-chauffage pendant 7 années, sont intactes et n'ont jamais bougé. Elles sont en bois, elles sont légères, on les pousse avec le petit doigt» (3).

A "functional" apartment

Le Corbusier's apartment is a maisonette. It can be accessed from the outside gallery which overhangs the small courtyard; from this gallery, the visitor can either take the service lift or follow the spiral staircase connecting the seventh floor to the lower landing, where the main lift stops. This rather complicated procedure requires a real initiation ceremony in order to reach Le Corbusier's apartment. Le Corbusier was to later use this "zigzagging" access route again in the construction of his country cottage at Roquebrune-Cap-Martin, situated behind the restaurant belonging to Thomas Rebutato.

Le Corbusier's residence is a veritable house of light. Light floods in from the west through the glass facade which stretches along the kitchen, living room and bedroom and through the large glazed "cube" which provides direct access to the roof garden. The kitchen and wash area also receive their fair share of light, thanks to the glass block sky lights incorporated into the drop of the arch.
Le Corbusier chose to follow an open plan. The five columns carefully marking out the spaces between the facades on the lower floors are nowhere to be seen. Thanks to Le Corbusier's use of arches, he had no need of such supports, and this thus frees the apartment's axis from any constrictions.

Le Corbusier further develops this unifying open plan style by laying 20 x 20 cm square white tiles on the entire area making up the apartment/art studio. There are no partitions, in the traditional sense of the word, to block the rooms off from one another. The numerous functional areas of the apartment are separated by mobile devices such as the huge revolving doors dividing the art studio and the apartment; there is also the cupboard door which provides access to the bedroom from the living room. The only real partitions as such are those on either side of the living room, near the kitchen and bedroom.
Le Corbusier designed these partitions in such a way that they take on the appearance of screens. Once again, in a deftly illustrative way, Le Corbusier applies the concepts of

Un logement «fonctionnel»

L'appartement de Le Corbusier est un duplex. On y accède depuis la coursive extérieure située en encorbellement sur la courette, soit par le monte-charge de service, soit par l'escalier en colimaçon qui relie le septième niveau au palier inférieur où s'arrête l'ascenseur de l'immeuble. Ce parcours un peu compliqué nécessite une véritable initiation pour accéder à l'appartement de Le Corbusier. C'est d'ailleurs ce dispositif «en chicane» qui sera reproduit plus tard dans l'aménagement de l'accès au cabanon de Roquebrune-Cap-Martin, situé en arrière-plan du restaurant de Thomas Rebutato.

L'appartement de Le Corbusier est une maison de lumière. Lumière provenant de l'Ouest par la paroi vitrée de l'ensemble cuisine/séjour/chambre, lumière provenant du toit-jardin grâce au grand cube, largement vitré, qui donne accès à celui-ci. Lumière également dans la cuisine et le coin toilette, largement distribuée par des lanterneaux en pavés de verre disposés dans les retombées de la voûte. Le plan est un plan libre. Les cinq poteaux qui rythmaient l'espace de façade à façade aux étages inférieurs, ont ici disparus. Grâce à l'emploi de son système de voûtes, L.C. peut se passer de points d'appui intermédiaires, libérant ainsi l'axe de son appartement.

Au sol, un carrelage 20 x 20, de couleur blanche, développe sa trame unificatrice, sur la totalité de l'espace appartement/atelier. Aucune cloison, au sens traditionnel du terme, ne vient obturer les différentes pièces. Les séparations entre les diverses zones fonctionnelles sont constituées d'éléments mobiles, comme les grandes portes pivotantes placées entre l'atelier et le logement lui-même, ou la porte de placard, qui depuis la salle, permet d'accéder à la chambre. Les seules cloisons existantes sont celles situées de part et d'autre de la salle de séjour, vers la cuisine et la chambre. Ces cloisons sont conçues comme des écrans. L'idée de la transparence, de la fluidité des espaces, de la mobilité des éléments est ici, une nouvelle fois employée par L.C. d'une façon éloquente. Rien ne doit faire obstacle entre l'intérieur et l'extérieur, entre le logement et la nature. Pour accentuer le caractère de cette dé-

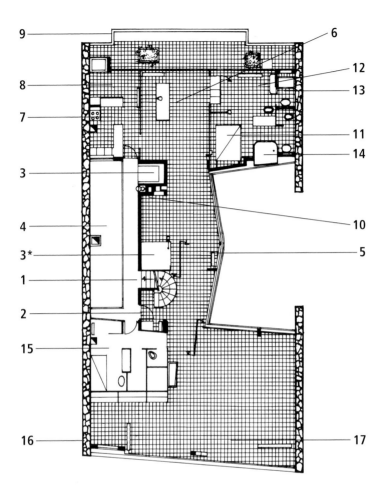

7th floor apartment/studio

1 – Main staircase of the building
2 – Entrance
3 – Lift/service lift
3* – Main lift for the apartment block
4 – Covered exterior footbridge
5 – Passage
6 – Living room/dining area
7 – Kitchen
8 – Pantry
9 – Balcony/loggia
10 – Fireplace
11 – Bedroom
12 – Dressing room/boudoir
13 – Bathroom
14 – Shower room
15 – Bedroom domestic staff with wash basin
16 – Study
17 – Studio

Niveau 7 appartement/atelier

1 – Escalier de l'immeuble
2 – Entrée
3 – Ascenseur/monte-charge
3* – Volume de l'ascenseur de l'immeuble
4 – Passerelle extérieure couverte
5 – Dégagement
6 – Séjour/coin repas
7 – Cuisine
8 – Office
9 – Balcon/loggia
10 – Coin cheminée
11 – Chambre
12 – Dressing/boudoir
13 – Salle de bains
14 – Douche
15 – Chambre domestique avec lavabo
16 – Coin bureau
17 – Atelier

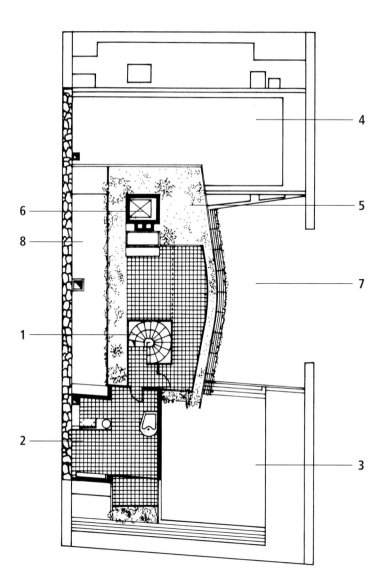

8th floor apartment/studio – roof garden

1 – Interior staircase
2 – Guest room with shower unit
3 – Extrados of the studio arch
4 – Extrados of the arch for the dining room/
    bedroom/kitchen area
5 – Garden
6 – Service lift
7/8 – Interior courtyards

Niveau 8 appartement/atelier – toit jardin

1 – Escalier d'accès intérieur
2 – Chambre d'amis avec cabine de douche
3 – Extrados de la voûte de l'atelier
4 – Extrados de la voûte de l'ensemble salle à
    manger/chambre/cuisine
5 – Jardin
6 – Volume de la machinerie monte-charge
7/8 – Cours intérieures

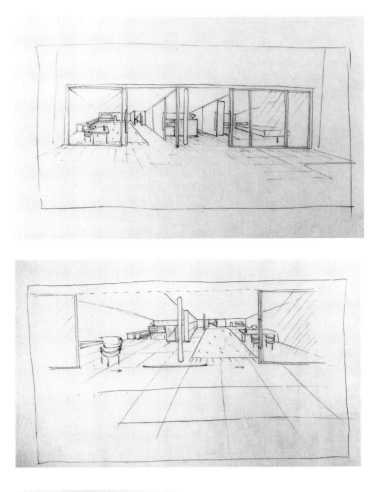

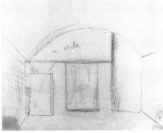

Angle-view sketches of the apartments
Design sketch by L.C. of his apartment

Croquis perspectifs sur les appartements
Croquis d'étude de L.C. pour son appartement

transparency, spatial flow and flexibility of components. Absolutely nothing is allowed to interfere with the link between interior and exterior, human environment and natural environment. In emphasis of this, Le Corbusier drew up a large number of angle sketch plans from a viewpoint outside the apartment. These sketches all reveal the same intention of designing a facade in the form of a transparent membrane, behind which the vertical structures perpendicular to it would communicate with one another, thanks to the use of sliding walls.

Furnishings and fittings for the apartment

As in the "Esprit Nouveau" pavilion built in Paris on the occasion of the 1925 International Exhibition of Decorative Arts, the design concept for the interior of Le Corbusier's apartment drew on the motif of the "cabinet". Charlotte Perriand, who was working at the practice at this time, played an important role in the interior design.

Perriand created two pieces of furniture for the kitchen which act both as dresser and work surface. These units are arranged at right angles, constituting a kind of hollowed out cube separating the kitchen from the dining area. Acess to and from this is possible via a passageway incorporated into the external angle of this square. Both of these units comprise upper and lower sections connected by two small thin posts made out of steel tubing. The framework of the units is in black gaboon, their outer surfaces are painted in steel grey and they are fitted with 22 mm thick plywood sliding doors. The upper section is intended for storing crockery, and the lower section for keeping linen or various household utensils. The work surfaces are in tin, overlapping with a wooden frame (in much the same way as screw-on caps fit over the tops of mineral water bottles) and in handmade ceramic tiles measuring 22 x 7. These tiles also clad the side struts supporting the work surface. These units are openwork in design and fulfil the function of service hatches for the dining area and living room. On the dining area side, the

monstration, L.C. multiplie les croquis perspectifs réalisés à partir d'un point de vue qui est extérieur à l'espace du logement. Ces croquis expriment tous la même volonté d'une façade conçue comme une membrane transparente, au-delà de laquelle apparaissent fuyants, des plans verticaux perpendiculaires à celle-ci et qui communiquent entre eux grâce à l'emploi de parois coulissantes.

Le mobilier ou l'équipement du logis

Comme dans le pavillon de l'Esprit Nouveau réalisé à Paris en 1925 à l'occasion de l'Exposition Internationale des Arts Décoratifs, les agencements de l'appartement de L.C. sont tous placés sous «le signe du casier». D'ailleurs, Charlotte Perriand, qui travaille durant cette période à l'Atelier, contribue de façon active à la conception intérieure de cet appartement.

Pour la cuisine, Charlotte Perriand dessine deux meubles qui servent à la fois de vaisselier et de plan de travail. Disposés en équerre, ces meubles forment une sorte de cube évidé qui sert de séparation entre la cuisine et le coin repas. A l'angle extérieur de cette équerre est ménagé un passage qui permet les allées et venues. Chacun de ces deux meubles comporte un élément haut et un élément bas reliés par deux minces potelets en tube d'acier. Les cadres de ces meubles sont confectionnés en bois noir okoumé, leurs faces externes peintes de couleur gris fer. Toutes les portes de ces meubles sont coulissantes et fabriquées en contre-plaqué de 22 mm d'épaisseur. La partie haute est réservée au rangement de la vaisselle, la partie basse à celui du linge ou de divers ustensiles ménagers. Le plan de travail est soit en étain venant en recouvrement du bâti en bois (un peu à la manière des capsules qui coiffent les bouteilles d'eau minérale), soit en carreaux céramiques, format 22 x 7, façonnés à la main. Dans ce second cas, le carreau céramique habille également le jambage latéral qui supporte le plan de travail. Conçus à claire-voie, ces meubles jouent le rôle de passe-plat avec le coin repas ou la salle. Côté coin repas, la face externe du meuble qui

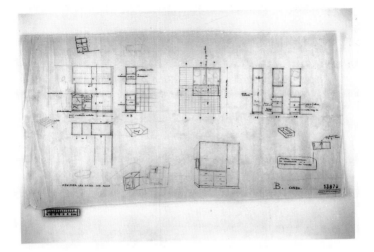

Sketch plan for the design of the kitchen
L.C.'s apartment – view of the kitchen
L.C.'s apartment – kitchen area/furniture –
L.C. - Ch. Perriand

Croquis pour l'aménagement de la cuisine
Appartement L.C. : vue sur la cuisine
Appartement L.C. : coin cuisine/mobilier –
L.C. - Ch. Perriand

exterior of the unit set in parallel with the facade, is designed to act as an opaque wall.
There are six drawers integrated into the lower
part of this "wall", and on the right, incorporated into the whole height of the unit, there
is a door which opens onto a broom cupboard.
The kitchen is also fitted with a double sink made
of tin and a cooker. The floor is laid with white
ceramic tiles measuring 7.25 x 14.50; the walls
are painted white and the central heating radia-
tor is charcoal grey.
The overall design of this kitchen prefigures
the work that Le Corbusier was to carry out
some twenty years later in Marseilles on the
apartments for his "Unité d'habitation"(3).

The cabinet motif can also be seen in the layout of the bedroom. This is a small area, but
has been designed in such a way so as to allow enough space for all the following to be
integrated: a dressing room, the bedroom itself, a dressing table, a wash area, toilet and
shower unit. It is amazing to see the number
of bathroom installations in such a small
space! For the dressing room, Charlotte
Perriand came up with the idea of installing
a square unit, as in the kitchen. Each side of
the square unit was designed to be used by either of the Le Corbusiers as a wardrobe. This
piece of furniture, 1.5 m high, was to be fitted
with a set of drawers in the lower section and
sets of shelves in the upper section. However,
this never came about, since the layout of Le
Corbusier's bedroom prevented this from being incorporated. The problem was solved as
follows: a clothes rail was fitted on the bedroom side of the rotating door, complementing
another square-shaped wardrobe.

The dressing table is a small piece of furniture
whose top in black metal sheeting acts as a
cover to a cement surface counter fixed pre-
cariously onto the wash area partition. The
weight of this surface is borne by a thin post
fixed to its right side, onto which a unit comprising three tiered drawers is hung. This small
unit, the top part of which is fitted with a mir-
ror, slots perfectly into the "curved" partition
separating the bedroom from the wash area.

est disposé parallèlement à la façade, est des-
sinée comme une paroi opaque. Composée sur
le carré, celle-ci comprend en partie basse une
série de six tiroirs intégrés et à droite, sur toute
la hauteur de ce meuble, une porte qui donne
accès à un placard à balai. L'aménagement de
cette cuisine comporte également un évier double bac en étain ainsi qu'une cuisinière. Le sol
est revêtu de carreaux céramiques blancs, format 7.25 x 14.50, les murs sont peints en
blanc, le radiateur de chauffage central en gris
anthracite.
L'ensemble du dessin de ce mobilier de cuisine
préfigure largement le travail que Le Corbusier
réalisera quelque vingt ans plus tard à Marseille, dans l'aménagement des cellules de
l'Unité d'habitation (3).

Le principe du casier est également présent
dans l'aménagement de la chambre. Une chambre conçue comme un espace minimum qui in-
tègre à la fois le dressing, la chambre à coucher,
la coiffeuse, le coin toilette, le wc, ainsi qu'une
cabine de douche. On peut d'ailleurs être sur-
pris de la profusion de tous ces éléments de
sanitaires dans un si petit espace ! Concernant
le dressing, Charlotte Perriand imagine, comme
pour la cuisine, un meuble en équerre. Chaque
côté de cette équerre reçoit la penderie pour
Monsieur ou celle pour Madame. Ce meuble
d'une hauteur de 1 m 50, comprend en partie
basse un ensemble de tiroirs et en partie haute,
des rayonnages. Ce meuble ne sera toutefois
pas réalisé, la disposition de la chambre de L.C.
ne permettant pas, en effet, de l'intégrer. Le
problème sera réglé par une penderie incorpo-
rée sur la face interne (côté chambre) de la
porte pivotante, venant en complément d'une
autre penderie disposée également en équerre.

La coiffeuse est un petit meuble dont le plateau de tôle noire recouvre une paillasse en
béton posée en porte à faux sur la cloison du
coin toilette. Ce plateau est «visuellement»
supporté par un fin potelet métallique situé à
sa droite et contre lequel est suspendu un volume composé de trois tiroirs de hauteur dé-
croissante. Ce petit meuble, surmonté d'un ti-
roir, s'inscrit de façon parfaite dans la découpe
«en arrondi» de la cloison qui sépare la chambre du coin toilette.

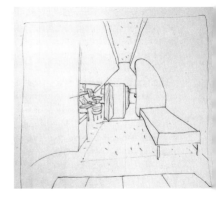

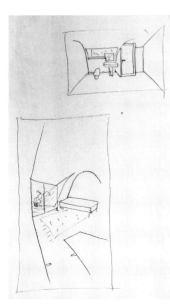

Design studies of the furniture
Recherches de mobilier

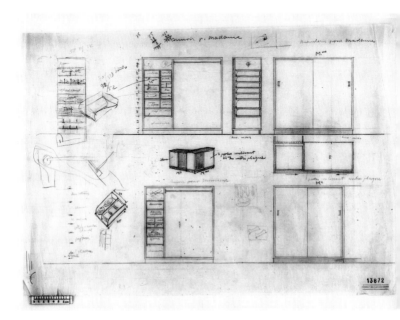

Another interesting feature of the furnishing for this room is the bed. Le Corbusier wanted this bed to be mounted high off the ground (it is even said that Madame Le Corbusier would have liked to have had a small stepladder fitted to the side in order to get in); he wanted to be able to lie there and gaze through the glass wall, beyond the high terrace parapet, and lose himself in the surrounding landscape. This bed is 85 cm high (without taking into account the thickness of the base and mattress), and comprises a metal frame, the end of which is anchored by two metal truss rods hooked onto the wall. Two cylindrical legs complete the structure. In order to heighten the concept of meditative thought, Le Corbusier decided to add a wooden headboard in the shape of an aeroplane wing, fixed to the frame. Above this, a pocket in the facade overlooking the interior courtyard, protected by a screen, completes the ventilation system for this room. The shower unit, whose rounded shape juts out into the bedroom, and the interior of which is entirely clad in small blocks of glass, is surprisingly low. The general character of this area is in keeping with the rest of the apartment – austere, like the design of the lamps used in the bedroom and living room, comprising a tube about one meter long, fixed perpendicularly into the partition supporting it, and ending in a simple white glass bulb.

The second piece of furniture designed especially for Le Corbusier's apartment was the table in the dining room. Madame Le Corbusier described this table as follows:
"Corbu's inspiration for the marble table, with its narrow draining channel cut around the edges, sprang from a mortuary table he saw in a dissection room".
This rectangular table consists of a thick white marble slab which rests on two tubular butt ends, the bases of which are trumpet shaped; this theme was later taken up by other designers.

Generally speaking, the furniture that Le Corbusier designed follows the aesthetic codes drawn up by the architects of the Modern Movement. It is spartan and functional, exemplifying the words of Standard Möbel, the manufacturer, in 1930: "we are the creators of furniture for modern times, for the modern

Un autre élément de mobilier intéressant de cette chambre est le lit, que L.C. voulait d'une certaine hauteur (on raconte même que Madame Le Corbusier aurait fait installer un escabeau pour pouvoir y accéder), de manière à ce que, en position couché, le regard puisse franchir, au-delà du pan vitré de la chambre, la ligne haute du parapet de la terrasse, et aller se perdre au loin sur le paysage. D'une hauteur de 85 cm (non comprise les épaisseurs du sommier et du matelas) ce lit est constitué d'un cadre métallique dont la tête est tenue par deux tirants accrochés dans le mur. Deux pieds tubulaires complètent cette structure. Pour accentuer la fonction contemplative de ce lit, L.C. y ajoute un appuie-tête en forme d'aile d'avion, sorte de dosseret en bois fixé par des pattes métalliques à même le cadre. Au-dessus de celui-ci, une réservation pratiquée dans le mur de façade donnant sur la cour intérieure et protégée par une moustiquaire, complète le système de ventilation de cette chambre.
La cabine de douche dont le volume en arrondi fait saillie dans l'espace de la chambre et dont l'intérieur est entièrement revêtu de petits carreaux en pâte de verre, surprend par sa faible hauteur. D'une manière générale, le traitement de la salle de bains et de la douche est à l'image du reste de l'appartement. Austère comme l'est le dessin du modèle de lampe utilisé pour la chambre et le séjour : un tube d'environ un mètre de longueur fiché perpendiculairement dans la cloison qui le supporte et qui se termine par un simple globe de verre blanc.

Le second élément de mobilier, étudié spécialement par L.C. pour son appartement, est la table de la salle à manger. Une table que Madame L.C., décrit de la façon suivante : «pour la table de marbre, avec sa petite rigole creusée tout autour, Corbu s'est inspiré dans une salle de dissection, d'une table de morgue». Cette table, rectangulaire, est constituée d'un épais plateau de marbre blanc qui repose sur deux pieds tubulaires dont les embases sont en forme de «trompette», thème qui sera repris plus tard par d'autres designers.
D'une manière générale, le mobilier dessiné par L.C. s'inscrit dans la ligne des codes esthétiques définie par les architectes du Mouve-

L.C.'s apartment: wash area
L.C.'s apartment: view of the bedroom
  and the wash area
L.C.'s apartment: dining area

Appartement L.C. : Coin lavabo
Appartement L.C. : Vue sur la chambre et
  le coin toilette
Appartement L.C. : Coin repas

man, who, instead of weighing himself down with useless objects, moves freely around his sun-filled rooms, with his mind unhampered by troubles" (4).

Vacuum cleaning and a cosy atmosphere

The interior of Le Corbusier's apartment has often been described as being exceptionally tidy, orderly and well kept. This orderliness was meant to act as a striking contrast to the supposed disorder of his art studio. However, contrasts are never usually as strong in their realised form as they are in their conceptual state, and this particular case was no exception to the rule. Once again in Le Corbusier's work, this setting, of intended purist style, serves as a vehicle of expression for the "vacuum cleaning" theory, advocated by Amédée Ozenfant; yet the Le Corbusiers furnished this purist abode with a selected number of objects, such as armchairs, paintings, sculptures, rugs, and china ornaments – items singled out for reasons of personal choice rather than a question of "design fashion". These objects adopted a quasi-autobiographical role and lent a certain character to this rational interior that in fact Madame Le Corbusier considered in need of a more "feminine" touch (5).

Four cane Thonet armchairs (model No. 9) are placed on either side of the dining room table. On top of this table is a ceramic fruit bowl, with a "large version" Alvar Aalto vase next to it. On the wall is a large painting by Le Corbusier – Totem 26/39 (size 1.30 x 0.97 m). Opposite this wall is a free-standing Lipschitz sculpture; the marble dining room table mentioned earlier is placed on a red wool rug and laid on the tiled floor of the living room is a goat skin rug made up of large squares of varying pigments; Le Corbusier is said to have used this selfsame rug to decorate his stand at the Salon d'Automne in Paris in 1929. Two other Thonet armchairs (model No. 9) are positioned on this rug.
The fireplace was built into one side of the area for the lifts that spans this room and a certain number of objects are laid out in recesses on top of this fireplace: a few beauti-

ment Moderne. Ce mobilier, spartiate, fonctionnel, illustre bien ce qu'un industriel comme Standard Möbel pouvait écrire en 1930 : «Nous réalisons le meuble des temps modernes, de l'homme moderne qui ne s'encombre pas d'objets inutiles mais se meut librement, l'esprit clair, au milieu de pièces ensoleillées» (4).

Vacuum cleaning et ambiance cosy

L'intérieur de l'appartement de L.C. est souvent présenté comme particulièrement soigné, rangé, ordonné. Un ordre qu'il tentait d'opposer au désordre supposé de l'atelier de peinture. Comme souvent, la réalité est moins contrastée. Dans ce cadre volontairement puriste et qui met en avant une nouvelle fois dans l'œuvre de L.C. la théorie du «vacuum cleaning», chère à Amédée Ozenfant, les Le Corbusier vont installer un certain nombre d'objets : fauteuils, peintures, sculptures, tapis, poteries, qui témoignent tous de choix personnels effectués en dehors des phénomènes de mode. Choix quasiment autobiographique pour des objets chargés de donner une âme à un intérieur rationnel que Madame Le Corbusier ne trouve en définitive, pas assez «féminin» (5).

De part et d'autre de la table de la salle à manger sont disposés quatre fauteuils cannés de marque Thonet (modèle no. 9). Sur le plateau de cette table, un compotier en céramique voisine avec un vase d'Alvar Aalto «grand modèle». Sur le mur est accrochée une grande toile de Le Corbusier, Totem 26/39 (format 1.30 x 0.97). En face de ce mur est dressée une sculpture de Lipchitz. Quant à la table de marbre de cette salle à manger, dont il a été question précédemment, elle est posée sur un tapis de laine rouge. Dans le salon, un tapis en peau de chèvre (qui est apparemment le même que celui utilisé par Le Corbusier pour l'aménagement de son stand au Salon d'Automne à Paris en 1929), composé de grands carreaux de peau assemblés, est disposé sur le carrelage. Sur ce tapis sont placés deux autres fauteuils Thonet (modèle no. 9). Sur un des côtés du volume de la machinerie de l'ascenseur qui traverse cette pièce, est aménagée la cheminée au-dessus de laquelle

L.C.'s apartment: view of the dining room
L.C.'s apartment: living/dining room

Appartement L.C. : Vue sur salle à manger
Appartement L.C. : Séjour/salle à manger

fully-bound books, a small bronze by Henri Laurens, an upright honeycomb brick, and a piece of coral. All these objects are laid out in a symbolic way, as if to recall both the duality and the mimicry that exists in the relationship between manufactured and natural products. In this living room there is also Le Corbusier's "large version" comfortable sagging armchair. In front of this armchair is a rustic-style table with a thick wooden top made out of a hand-sawn tree trunk. The weight of this table top is borne by three small metal posts. On the wall hangs a purist painting.

In this journey through Le Corbusier's private world, the visitor can also see paintings by Bauchant, Léger, and Picasso, other pieces of furniture such as the famous wrought iron garden chair, and other rugs such as the small hand-made rugs on the living room floor.

Le Corbusier dedicated a large amount of time and energy to arranging the interior of his apartment, as can be proved by the fact that at the Fondation Le Corbusier there is a whole file containing a series of letters dedicated purely to this subject.

On 23 November 1934 Le Corbusier wrote the following letter to the Etablissement Thonet: "Please be kind enough to deliver two small armchairs with cane seats, of similar design to the last three that you have recently delivered to the Swiss Pavilion at the Cité Universitaire; I would appreciate it if you could ensure that they are in the same grey lacquer as those in the Pavilion". The very same day he sent a letter to the Bazaar at Hôtel de Ville: "Further to my conversation with your salesperson No. 118, shelf B.N, I would like to order two rush mats at 45 (or 47?) francs per square metre, one of which should be rectangular in shape, measuring 0.70 x 0.80 …". In some cases he used his private connections to obtain certain items; for example by writing the editorial letter for l'Architecture d'Aujourd'hui he was able to benefit from a discount on a rubber rug he had purchased. Le Corbusier, very mindful of the fact that he was a well-known figure, did not hesitate to have a piece of furniture delivered to him without the least intention of actually paying for it; his attitude was that since he was a famous architect the suppliers could

sont disposés dans des niches, un certain nombre d'objets : quelques beaux livres reliés, un petit bronze d'Henri Laurens, une brique alvéolaire en position debout, un fragment de corail… mis là de façon symbolique comme pour rappeler les rapports de dualité et de mimétisme entre le produit manufacturé et l'œuvre de la nature. Toujours dans ce salon est placé un fauteuil «grand confort, grand modèle» de L.C., particulièrement avachi. Au devant de ce fauteuil se trouve une table rustique faite d'un plateau en bois épais réalisé dans un tronc d'arbre scié à la main. Ce plateau est supporté par trois petits pieds métalliques. Au mur, est accrochée une toile puriste. En poursuivant cette promenade dans l'univers familier de Le Corbusier, on peut encore voir d'autres peintures signées Bauchant, Léger, Picasso, d'autres meubles comme la fameuse chaise de jardin en fer forgé, d'autres tapis comme ces petits tapis artisanaux posés sur le sol du salon.

Le Corbusier va apporter une grande attention à l'aménagement de son appartement comme l'indique dans les archives de la Fondation une correspondance uniquement consacrée à cette question.

Le 23 novembre 1934 il écrit aux Etablissements Thonet : «Veuillez me faire livrer à mon domicile, deux petits fauteuils avec sièges cannés, semblables aux trois derniers que vous venez de livrer au Pavillon Suisse de la Cité Universitaire, laqués gris même couleur qu'au Pavillon». Ce même jour, il envoie un courrier au Bazar de l'Hôtel de Ville : « Veuillez selon ma visite à votre vendeur 118, rayon B.N. me fabriquer deux tapis joncs à 45 francs (ou 47 ?) le mètre carré, l'un rectangulaire de 0,70 x 0,80…». Parfois il fait jouer ses relations personnelles bénéficiant par exemple d'une lettre d'introduction à l'en-tête de l'Architecture d'Aujourd'hui, pour obtenir une remise sur un achat d'un tapis en caoutchouc. Conscient de sa notoriété, il n'hésite pas à se faire livrer du mobilier avec la ferme intention de ne pas acquitter le montant de la facture, pensant que les fournisseurs sauront tirer parti du fait d'avoir livré un architecte célèbre. Témoin ce courrier adressé à la maison Simmons à Paris : «Nous recevons du Crédit du Commerce l'an-

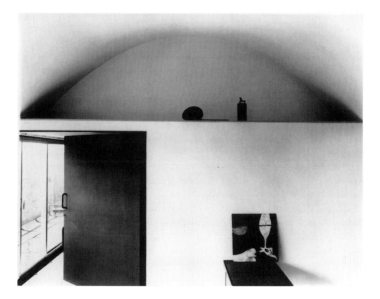

L.C.'s apartment: fireplace
L.C.'s apartment: view of the living room
  leading into the bedroom

Appartement L.C. : Coin cheminée
Appartement L.C. : Vue du séjour vers la
  chambre

use his name as a major selling point for their products. Proof of this can be seen in the letter addressed to the Simmons establishment in Paris: "We have received a refusal note from the Crédit du Commerce regarding our proposal for the settlement of an invoice owed by Monsieur Le Corbusier … surely the most effective form of advertising for your establishment would be to say that Monsieur Le Corbusier 'sleeps soundly' on a Simmons mattress!" (6)

At the beginning of 1938, Le Corbusier decided to have stone tiles laid in his apartment, and wrote to the company A. Fèvre in Paris about this: "Please find enclosed the sketch plans for the stone tiles that I would like laid in my apartment, for which I hope you will be able to offer me a reduced price. I would be very grateful if this work could be carried out as soon as possible, since my wife is extremely impatient to see the finished effect … P.S.: I would prefer unpolished to polished stone, and would like to have the same stone as was used for the aisle terraces in Notre Dame …" (7).

His international relations, formed during his trips abroad, also helped Le Corbusier in his role as interior designer. In 1939 he wrote to Monsieur Breuillot in Algiers: "My dear friend, I have a great favour to ask you. I am currently arranging the interior of my apartment … I would like to have a high-quality wool rug to place under my dining room table … since you are on the best of terms with the Mayor of Tlemcen I was wondering whether I could have one of these rugs made as soon as possible …" (8).

With the same idea in mind he wrote to Monsieur Rapaport, an architect in Bucharest: "I would be forever in your debt if you could send me a Roumanian country-style rug … that is a woven rug and not a knotted one, brightly coloured, with a design of large flowers or large birds … I do apologise for encumbering you with this small task and I promise I will never forget your kindness if you are able to help me!" (9).

nonce du refus à notre proposition concernant le règlement d'une facture due par Monsieur Le Corbusier … la meilleure publicité serait de laisser dormir ‹en quiétude› Monsieur Le Corbusier sur un matelas Simmons !» (6).

Au début de l'année 1938, Le Corbusier décide de faire poser de la pierre dans son appartement, il écrit à l'entreprise A. Fèvre à Paris : «Inclus le croquis concernant les pierres pour mon appartement. J'espère que vous pourrez me faire un petit prix d'ami. Une exécution rapide m'obligerait beaucoup parce que ma femme manifeste des impatiences irréfrénables … P.S. : je ne voudrais pas avoir de pierre polie mais mate et aimerais avoir cette pierre qui a servi à faire les terrasses des bas-côtés de Notre Dame …» (7).

Ses relations internationales, nouées au fil des voyages vont également servir Le Corbusier dans ses vélléités d'architecte d'intérieur. En 1939, il écrit à Monsieur Breuillot à Alger : «Cher Ami, rendez-moi un grand service. Je suis en train de faire des arrangements dans mon appartement … je veux installer sous ma table de la salle à manger un tapis de haute laine … comme vous êtes dans les meilleurs termes avec Monsieur le Maire de Tlemcen, est-ce qu'on ne pourrait pas faire exécuter d'urgence un de ces tapis …» (8).

Dans le même ordre d'idée il écrit à Monsieur Rapaport, architecte à Bucarest : «Vous me rendriez un très grand service s'il vous était possible de me faire expédier un tapis roumain paysan … il s'agit de ces tapis paysans qui sont tissés et non pas noués et qui ont des décors très violents formés soit de grandes fleurs, soit de grands oiseaux … Excusez-moi de vous charger de cette petite mission, elle me fera penser à vous tous les jours si elle aboutit !» (9).

L.C.'s apartment: fireside table
L.C.'s apartment: view of the door to the studio

Appartement L.C. : Table coin cheminée
Appartement L.C. : Vue sur la porte de l'atelier

The art studio

Three key features characterise the architecture of the art studio that Le Corbusier somewhat formally named "l'atelier de la recherche patiente" (the studio for patient research):

– a large white arch measuring almost six metres in width, 12 metres in length and 3.50 metres in height, and whose drop onto the facade on rue Nungesser et Coli is supported by a somewhat peculiar-looking V- shaped post;

– a glass facade opening out onto the sports field on the east side;

– a large exposed wall in stone and brick.

Concerning this wall, Le Corbusier wrote the following: "Stone can speak to us; it speaks to us through the wall. Its covering is rough yet smooth to the touch. This wall has become my lifelong companion".
As can be seen through these words, the role played by this walled section, left exposed, is the very essence of the architectural design of this art studio. Clad in both a hapazard, yet careful way, it clearly symbolises the relationship between the architect/artist and the techniques and materials he uses. For Le Corbusier, arranging this particularly ingenious "montage" so that traditional construction materials (represented here by the wall) and modern techniques (the glass facade) contrast each other spectacularly, was more than just a question of style: it was the very proof that all his research on a new form of architecture was in fact based on a real tradition of culture.
Le Corbusier liked to have his photograph taken in front of this wall, dressed partly as a countryman and partly as a labourer; he would also lay out his paintings and sculptures before it, so that they could be photographed. There is a particularly emotive photograph of him working in front of this wall, painting a canvas entitled: "L'ange gardien du foyer" (The Guardian Angel of the Home), dating from 1944 and dedicated to his wife Yvonne.

The space inside the studio is divided into three sub spaces: the first, which is the largest,

L'atelier

Trois éléments caractérisent l'espace de l'atelier que Le Corbusier nomme avec une certaine solennité «l'atelier de la recherche patiente» :

– la grande voûte blanche de près de 6 m de large, de 12 m de long et de 3 m 50 de haut, dont la retombée sur la façade de la rue Nungesser et Coli est soutenue par un curieux poteau en V,

– le pan de verre ouvrant sur la plaine sportive à l'Est,

– le grand mur de moellons et de briques laissés apparents.

A propos de ce mur, Le Corbusier écrit : «La pierre peut nous parler, elle nous parle par le mur. Près de nous au contact de nos mains, elle est une peau rude et nette. Ce mur est mon ami de tous les jours».
Comme le montre ce commentaire, le rôle tenu par ce pan de mur, laissé brut, est essentiel dans la conception architecturale de cet atelier. Sa texture à la fois accidentelle et soigneusement appareillée symbolise d'une façon évidente les rapports que l'architecte/peintre entretien avec la technique et la matière. Organiser de façon spectaculaire la confrontation entre les techniques de construction traditionnelles, représentées ici par ce mur, et les nouvelles technologies représentées par le pan de verre, est pour Le Corbusier, plus qu'une figure de style. Cela marque sa volonté de signifier par ce «montage» savant que toute sa recherche vers une nouvelle architecture, prend en réalité appui sur une véritable culture de la tradition.
C'est devant ce mur qu'il aime à se faire photographier en tenue mi-paysanne mi-ouvrière, ou qu'il dispose pour le photographe ses peintures et ses sculptures. Une photographie particulièrement émouvante le montre au travail devant ce mur, en train de peindre une toile intitulée «L'ange gardien du foyer», toile réalisée en hommage à sa femme, Yvonne, et datant de 1944.

L'espace de l'atelier est en fait divisé en trois sous-espaces : le premier, le plus grand, est ré-

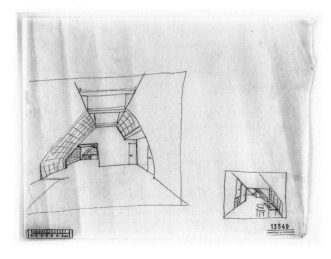

The studio: design sketches
The studio: view from the apartment
The studio: rubble stone wall and arch

L'atelier : Croquis de recherche
L'atelier : Vue depuis l'appartement
L'atelier : Le mur en moellons et la voûte

was reserved for painting; the second is an office area for telephone calls and writing; the third is a room for domestics with a wash area and a cubbyhole, and is also where Le Corbusier kept his personal files.

The library is slightly set back from the office area: works by Homer, Cervantes, Rabelais and Mallarmé can be found amongst technical books and various works by Le Corbusier himself.

A section of the arch in the studio is cut out and fitted with a window, causing light to shine directly in at a 45° angle onto the stone wall. This carefully studied device, together with the light which streams in through the glass facade and through an opening in the opposite wall, flood this area with light.

Jean Petit describes the atmosphere of this studio as it was in the last few years of Le Corbusier's life: "On the floor there are empty tins of food filled with paint, tubes of colours and paintbrushes. A large easel completes this artist's setting. Sometimes, a canvas is simply laid across two chairs. Placed across two armchairs is a large sheet of plywood, slightly curved under the weight of papers, drawings and books which lie strewn over it. Like small streets leading to undiscovered corridors, narrow passageways enable one to manoeuvre past the different pieces of furniture. There is a multi-drawered piece of furniture by Chaux-de-Fonds clockmakers, shells from Cap-Martin, fossils, pieces of stones, amateur films, holiday photos, old catalogues from La Samaritaine and from the arms factory in Saint-Etienne, faded theatre programmes, gramophone styluses, an antediluvian camera, nudes photographed by Rupert Carabin, an empty box of Chanteaud laxatives, a set of Neapolitan tarot cards, a Kodak bellows, and an entrance ticket to the Colonial Exhibition …".

It could be asked if this novel setting for an art studio, at the top of an apartment block, in some way influenced Le Corbusier's art, especially regarding the dimensions for his canvases. During his purist period, just before he moved to rue Nungesser et Coli, Le Corbusier preferred to work with two specific formats: 100 x 81, which for specialists corresponds to a 40 figure, and 130 x 97 which corresponds

servé à la peinture, le deuxième est un coin bureau pour le téléphone et l'écriture, le troisième est une chambre de domestique équipée d'un coin toilette et d'un réduit dans lequel d'ailleurs Le Corbusier entrepose des archives personnelles.

La bibliothèque est située en retrait du coin bureau : Homère, Cervantès, Rabelais, Mallarmé y côtoient de la documentation technique ainsi que les différentes éditions des ouvrages de Le Corbusier lui-même.

Une découpe réalisée dans la voûte de l'atelier et équipée d'un châssis vitré amène une lumière plongeante à 45° sur le mur de moellons. Ce dispositif, particulièrement étudié, complète avec le pan de verre et l'ouverture pratiquée dans le mur opposé, l'arrivée de lumière dans cet espace.

Jean Petit décrit l'ambiance de cet atelier dans les dernières années de la vie de Le Corbusier : «Au sol des boîtes de conserves remplies de peinture, des tubes de couleurs, des pinceaux. Un grand chevalet complète cet îlot de la peinture. Quelque fois, une toile est simplement posée à plat sur deux sièges. Reposant sur le bras de deux fauteuils, un grand panneau de contreplaqué est un peu avachi par le poids des papiers, dessins et livres éparpillés sur sa surface. Entre les meubles il y a des passages étroits, des ruelles pour atteindre les coulisses de l'inattendu … Ainsi ce meuble à multiples tiroirs des horlogers de la Chaux-de-Fonds … des coquillages de Cap-Martin, fossiles, morceaux de pierres … films d'amateur, photos de voyages … de vieux catalogues de la Samaritaine … de la manufacture d'armes de Saint-Etienne … des programmes de théâtre un peu défraîchis … des aiguilles de gramophone, une caméra antédiluvienne, des femmes nues photographiées par Rupert Carabin, une boîte vide du laxatif Chanteaud, un jeu de tarot napolitain, un kodak à soufflet, un ticket de l'Exposition coloniale …».

A voir cet atelier situé au sommet d'un immeuble, on peut se demander si cette localisation inhabituelle a eu une quelconque influence dans la production picturale de Le Corbusier, notamment au niveau des formats utilisés pour ses toiles. Dans sa période puriste, qui précède son installation rue Nungesser et

L.C. in his studio
Telephone area

L.C. dans son atelier
Le coin téléphone

View of office area in the studio
L.C. in his studio

Vue sur le coin bureau de l'atelier
L.C. dans son atelier

to a 60 figure. Le Corbusier did not change
these dimensions when he began working in
his new studio, towards the end of 1934, even
though his working area had become much
larger. Perhaps for reasons related to trans-
portation of the canvases, the dimensions remained of average size, except for the
"Taureaux" series of paintings, for which he
used vertical canvases whose maximum height
measured 195 with a width of 97 cm. He used
an easel for most of his paintings in this studio, deliberately choosing not to produce
large-scale works here; he preferred to produce these kind of works, which included mu-
rals and and wall coverings, outside his studio.

The "Primitive" art exhibition

Between the 3 and 13 July 1935, the art
collector Louis Carré, in conjunction with Le
Corbusier, organized an exhibition of so-called
"primitive art" in Le Corbusier's studio and
other apartments in the block at 24 N.C. The
exact title of this exhibition was: "les arts
primitifs dans la maison d'aujourd'hui" (Primitive Arts in the Modern House). On the poster
for this exhibition it was clearly marked that
this exhibition would take place in the residence of Le Corbusier and Louis Carré, in
the "glass house". And so for two weeks,
Le Corbusier's studio was transformed into a
museum, containing paintings, tapestries, and
original sculptures from different periods. All
these works were carefully selected for either
their contrasting or complementary effects.
Thus it was that a Bénin bronze was placed
next to a granite pebble from Britanny or that
a Henri Laurens statue was exhibited in front
of a Fernand Léger tapestry, next to a piece
of Peruvian pottery and a painting by Le
Corbusier. Other unusual objects were also
displayed in this attempt to bring together all
periods of art: a reproduction of a Greek
statue for example, the Moscophore, carefully
"covered in polychrome" by Le Corbusier,
"following the instructions of archaeologists".

Referring to this somewhat uncoventional exhibition, Le Corbusier writes: "The art of being
able to group objects together is, in some way,

Coli, Le Corbusier emploie de façon préféren-
tielle deux formats : le 100 x 81 qui correspond pour les spécialistes à un 40 figure et le
130 x 97 qui est un 60 figure. A partir du moment où il peut travailler dans son nouvel atelier, vers la fin de 1934, Le Corbusier ne change
pas pour autant ces dimensions alors qu'il bénéficie d'un espace plus grand pour travailler.
Les formats, peut-être pour des problèmes de
transport, restent d'une taille moyenne, excepté
pour la série des «Taureaux» pour laquelle il va
utiliser des toiles verticales dont la hauteur
maximale est de 195 pour une largeur de 97
cm. D'une façon générale, sa peinture reste
dans le cadre d'une production de peinture de
chevalet et il ne s'attaquera pas dans cet atelier
à l'exécution de tableaux de très grande taille,
préférant réserver ce type de travail pour des interventions extérieures comme les peintures
murales, les tapisseries etc …

Exposition d'art dit «Primitif»

Entre le 3 et le 13 juillet 1935, le collectionneur
Louis Carré organise avec la complicité de Le
Corbusier, une exposition dite «d'art primitif»,
dans l'atelier de celui-ci ainsi que dans d'autres
appartements de l'immeuble. Le titre exact de
cette exposition est : «les arts primitifs dans la
maison d'aujourd'hui». L'affiche réalisée à cette
occasion, précise que cette exposition aura lieu
chez Le Corbusier et Louis Carré dans «la maison de verre». Durant deux semaines, dans
l'atelier de Le Corbusier transformé pour un
temps en musée imaginaire, vont cohabiter
peintures, tapisseries, sculptures d'origines et
d'époques différentes. Toutes ces œuvres sont
savamment choisies pour leur effet de contraste
ou de complémentarité les unes par rapport aux
autres. C'est ainsi qu'un bronze du Bénin est
placé à côté d'un galet de granit de Bretagne
ou d'un marbre grec. Qu'une statue d'Henri
Laurens est exposée devant une tapisserie de
Fernand Léger. Qu'à ses côtés se trouve une po-
terie péruvienne ainsi qu'une toile de Le Corbusier. Parmi les éléments insolites présents dans
cet essai de synthèse des arts à travers l'histoire, on peut voir la reproduction d'une statue
grecque, le Moscophore, soigneusement «mise
en polychromie» par Le Corbusier «selon des

"Primitive Art" Exhibition – 1935
Exposition des Arts Primitifs – 1935

an expression of modern sensitivity towards the past, towards exoticism, and towards the present. It is the ability to form 'sets' or 'series', to create 'unities' out of different periods, to once again render the element of excitement and novelty to those things which man created at some point in the past" (10).

The roof garden

After the apartment and the studio, the roof garden ranks as the third most important element in Le Corbusier's private life. Following the open plan concept, the roof garden forms part of one of the "five points of modern architecture" drawn up by Le Corbusier. However, before entering into a description of this particular feature, it is firstly important to examine the cross section of the apartment. On the left there is the large studio arch overlooking rue Nungesser et Coli. On the right is the smaller arch which covers the kitchen/dining room and bedroom area, looking out onto rue de la Tourelle. These arches afford the expanse for two superb interior spaces (11), and between them runs the horizontal upper deck of the seventh level. From this emerges a vertical space which can be accessed by a small helical staircase, and which in turn provides access to the roof garden. Like the stone wall in the art tudio, this small staircase plays an essential role in the architecture of Le Corbusier's apartment. Made out of concrete, its solid steps, painted in dark grey, stand out vertically against the white curve of the cylinder which travels up from the ground and which acts as a string. This small staircase is more than just a functional link – it is at the same time a sculpture, an invitation to visit other parts, and a decorative element.

Referring to this staircase, Le Corbusier writes: "The modest space taken up by this staircase shows that in art 'small' or 'large' dimensions do not, as such, exist. Here, those elements of architecture, painting and sculpture which all stem from the mind of the creator, appear with the same clarity as a watermark".

Light bathes the entrance and exit area to this staircase, situated on a small landing which provides access both to the guest room and

renseignements archéologiques». Commentant cette étrange exposition, Le Corbusier écrit : «La technique des groupements est en quelque sorte une manifestation de la sensibilité moderne dans la considération du passé, de l'exotisme ou du présent. Reconnaître les ‹séries›, créer à travers temps et espace des ‹unités›, rendre palpitante la vue des choses où l'homme a inscrit sa présence» (10).

Le jardin sur le toit

Avec l'appartement et l'atelier, le troisième élément important de l'univers domestique de L.C. est le toit-jardin de son immeuble. Comme le plan libre, le toit-jardin, faut-il le rappeler, est un des «cinq points de l'architecture moderne», qu'il a édictés.

Regardons la coupe de l'appartement. Sur la gauche, la grande voûte de l'atelier donnant sur la rue Nungesser et Coli. Sur la droite, la petite voûte qui vient couvrir l'ensemble cuisine/salle de séjour/chambre, ouvrant sur la rue de la Tourelle. Entre ces deux voûtes, qui définissent deux espaces internes superbes (11), passe l'horizontale du plancher supérieur du 7ème niveau. De cette ligne, émerge un espace vertical auquel on accède par un petit escalier hélicoïdal qui donne accès au toit-jardin. Comme le mur de moellons de l'atelier, ce petit escalier joue un rôle important dans l'architecture de l'appartement de L.C.. Réalisées en béton, ses marches pleines, peintes de couleur gris foncé, se détachent, dans un mouvement ascendant, sur la courbe blanche du cylindre partant du sol et qui lui sert de limon. Plus qu'une simple liaison fonctionnelle, ce petit escalier est à la fois une sculpture, une invitation à la promenade et un dispositif scénique.

Evoquant cet escalier, L.C. écrit : «Le modeste espace de ce petit escalier montre qu'il n'existe pas de grandes ou de petites dimensions en art. Ici en filigrane, sont présents les composants de l'architecture, de la peinture et de la sculpture, issus des mêmes préoccupations du créateur».

La montée et l'arrivée de cet escalier débouchant sur un petit palier qui dessert d'une part une chambre d'amis, avec balcon sur la rue Nungesser et Coli, et d'autre part le toit-jardin, est nimbée de lumière. La silhouette du vo-

Staircase leading to the roof garden
Access to the roof garden seen from the
  guest room

L'escalier d'accès au toit-jardin
Accès toit jardin vu depuis la chambre
  d'amis

balcony overlooking rue Nungesser et Coli, and to the roof garden. The outline of the structure which houses this entranceway resembles a 1922 Citrohan house, with its concrete cap projecting over the terrace, and which appears to act as a support for a thin metal pillar. Facing west, this roof garden overlooks a horizon which stretches out way beyond the confines of the district of Boulogne.

Le Corbusier always regarded the roof garden as an experimental concept. It reappears time and time again in his projects, and in each one it takes on a different value. Whether in the La Roche villa (1923), the Stein-De Monzie villa (1927), the Savoye villa (1929), or Charles de Beistegui's apartment (1930), Le Corbusier always considered the roof garden, or "open air room" as he called it, to be a pausing place in terms of the rest of the architectural structure – the first architectural moment to be savoured before encountering empty space. It is a place where one can "lose" oneself, where one can meditate and dream, and where one can contemplate the continual battle between nature and the urban machine.

This calm retreat is also a garden which, according to Le Corbusier, should allow domestic life to be coupled with a virgilian one.

Le Corbusier hesitated between having his garden landscaped in a traditionally French style (the invoices sent by the landscape gardeners Monsieur Crépin and Monsieur Rogier are proof of this) or letting it run wild, a concept which inspired the following philosophical passage: "1940 Disaster! Exodus! Paris is deserted. The garden roof, on the eighth floor, has been left to its own devices. Heatwaves in 1940 and 1942, winter, rain and snow … the abandoned garden does not die but instead responds to these conditions. Wind, birds and insects fill it with seeds. Some forms of plant life respond well to this setting, others less so – the rose trees revolt against it and are transformed into huge dog rose bushes. The lawn becomes wild grass and quitch. A laburnum sprouts, as does a sycamore. Two blades of lavender suddenly flourish into bushes … nature has reclaimed its rights" (12).

lume qui abrite cet accès de l'extérieur, a un petit air de maison Citrohan, modèle 1922, avec sa casquette de béton en avancée sur la terrasse et que semble soutenir un fin pilier métallique. Orienté à l'ouest, l'espace de ce toit-jardin embrasse un horizon qui s'étend bien au-delà des limites de la commune de Boulogne.

Pour Le Corbusier, le toit-jardin a toujours été conçu comme un espace expérimental. On le retrouve projet après projet, chaque fois chargé d'une signification nouvelle. Que ce soit dans la villa La Roche, (1923), la villa Stein-De Monzie (1927), la villa Savoye (1929) ou l'appartement de Charles de Beistegui (1930), le travail projectuel sur «la chambre à ciel ouvert» représentée par le toit-terrasse, est toujours considéré par Le Corbusier comme un point d'orgue. C'est le premier lieu de l'architecture avant le grand vide. Un espace du détachement, de la méditation et de la rêverie, à partir duquel l'homme peut contempler la lutte de la nature contre la machine urbaine. Toutefois, ce lieu de la solitude et du retrait est aussi un jardin qui doit permettre, selon Le Corbusier : d'insérer la vie domestique dans le rêve virgilien. Un jardin pour l'entretien duquel il hésite entre la rigueur d'une domestication à la française (les factures de ses jardiniers Messieurs Crépin et Rogier en témoignent) et le laisser-aller d'une nature sauvage et conquérante qui lui vaudra cette réflexion philosophique : «1940 Débâcle ! Exode ! Paris se vide. Le toit-jardin, au huitième étage demeure seul. Canicule 1940 et canicule 1942, hiver, pluie, ou neige … le jardin abandonné réagit, ne se laisse pas mourir. Le vent, les oiseaux, les insectes apportent les graines. Quelques-unes trouvent leur milieu favorable. Les rosiers se sont révoltés et sont devenus de très grands églantiers. Le gazon est devenu de l'herbe, du chien-dent. Un cythise est né ; un faux sycomore. Deux brins de lavande sont devenus des buissons … la nature a repris ses droits.» (12).

Roof garden kiosk
The roof garden

Le kiosque du toit terrasse
Le toit jardin

Modifications: the history behind the fourth wall

In 1948, Le Corbusier decided to carry out certain structural alterations to his apartment; this decision stemmed from the bad condition of the glass wall of the west facade, overlooking rue Nungesser et Coli, the problem of heat insulation in the entrance to the roof garden and the problems relating to the distribution of natural light in the lobby.

For the glass facade, Le Corbusier was mostly concerned by the oxidation of the metal rolled sections and the lack of watertightness engendered by this. The lack of steel available, which had already caused him problems for the construction of the Duval factory in Saint-Dié and the "Unité d'habitation" in Marseilles, begun in 1947, prompted him to replace these metal rolled sections with a system of wooden frames. With the help of one of his craftsman friends, Charles Barberis, a carpenter in Corsica (who made the 700 glass panels for the "Unité d'habitation" in Marseilles, as well as for the small country cottage in Roquebrune-Cap-Martin), Le Corbusier created a new reinforcement for the glass facade. He had this firmly fitted into the shell, in the form of a large panel containing some fixed parts and other more flexible parts; these are both in clear and translucent glass, with some sections filled with plywood. This panel is not positioned flat but instead stands askew, thanks to an assembly system of tenons and mortices. The functional windows and the fixed parts are fitted into this reinforcement at various positions, both for the exterior and the interior. This creates a play on level, thus highlighting the proportions and profiles.

1948 was also the year in which Le Corbusier carried out his studies on the "Modulor" – a measuring system based both on the "golden section" and human measurements (a six-foot man). He envisaged applying this sytem to the new design of his glass facade. However, he was soon faced with a problem: the Modulor did not conform to those measures imposed by those regulations in force when the apartment house on rue Nungesser et Coli was constructed in 1931. He therefore produced a special Modulor designed on the basis of 2 m 04 instead of 2 m 26 (the height of a man with one arm raised).

Les modifications : histoire du quatrième mur

Le constat du mauvais état du pan de verre de la façade ouest, sur la rue Nungesser et Coli, de l'isolation thermique sur l'édicule de sortie sur le toit-jardin ainsi que le problème de la répartition de la lumière naturelle dans l'entrée de son appartement, décident Le Corbusier à entreprendre en 1948, quelques modifications.

Concernant le pan de verre, c'est l'état d'oxydation des profilés métalliques et la mauvaise étanchéité que celui-ci entraine, qui inquiète Le Corbusier. La pénurie d'acier à laquelle il avait déjà été confronté sur le chantier de l'usine Duval à Saint-Dié et sur celui de l'Unité d'habitation de Marseille, commencée en 1947, va l'inciter au remplacement de ces profilés métalliques, par un système de cadres dormants en bois. Avec l'aide d'un de ses amis artisans, menuisier en Corse, Charles Barberis (qui réalisera les 700 panneaux vitrés de l'Unité d'habitation de Marseille ainsi que le petit cabanon de Roquebrune-Cap-Martin), Le Corbusier met au point une nouvelle armature pour le pan de verre. Celle-ci vient se caler directement dans le gros œuvre, sous la forme d'un grand panneau comportant des parties fixes et d'autres ouvrantes, dont certaines sont en glace claire, d'autres en verre translucide, d'autres enfin en remplissage de contreplaqué. Le profil de cette armature n'est pas placé à plat mais de champ grâce à une technique d'assemblage à tenons et mortaises. Le positionnement des châssis ouvrants et des parties fixes varie, dans cette armature, du nu extérieur au nu intérieur provoquant ainsi dans cette menuiserie, un jeu de plans différents qui assure sa modénature.

1948 est l'année au cours de laquelle Le Corbusier poursuit ses études sur le Modulor, système de mesures basé à la fois sur le nombre d'or et sur les mensurations humaines (l'homme de six pieds). Il envisage donc d'appliquer ce système au nouveau dessin de son pan de verre. Le problème auquel il est rapidement confronté est celui de la non-concordance du Modulor avec les mesures imposées par la règlementation au moment de la construction de l'immeuble de la rue Nungesser et Coli en 1931.

He wrote: "This is very interesting … and qualifies our approach towards formulas: smell and feel first, appreciate, then decide. Here we realized that the 183/226 Modulor would definitely have wiped out that element which should be the architectural vehicle of expression: the glass facade" (13).

Changes in technology and the measurement system were not the only alterations made by Le Corbusier to the design of his glass facade. "The glass facade has kept its 'raison d'être', namely lighting up walls and floors without any hint of a shadow. But the surface is no longer entirely made out of glass: one part is opaque, in wood, fitted with drawers, or bearing the weight of furniture. Hence the glass facade has now become the fourth wall of the room" (14).

In the dining room, the sliding doors which previously opened out onto the terrace/balcony were replaced by a glazed door measuring 0.75 m in width, flanked by two large fixed dissymetrical panels. A wide oak cross beam runs from one side of the opening to the other at a height of 0.73 m, equalling that of the marble table and the concrete shelf situated in front of the terrace railing. This cross beam cuts the wooden wall into two unequal parts, one of which forms a glazed spandrel. The panel in front of the dining room table is also intersected by a high cross beam, under which there is a case containing stained glass divided into geometrical sections, faithful to the Modulor system, in red, yellow and blue. This principle of the sub-divided glass facade is also implemented in the bedroom.

In 1962, Le Corbusier noticed that this wooden reinforcement was beginning to rot and water had seeped into the interior of the double glazing. He therefore decided to replace the glass facade structure once again, this time with anodised aluminium frames, fitted with sliding sash windows on a neoprene floor guide, one of the last creative signs of life of the design techniques of the sixties.

The glass facade of the entrance to the roof garden was also restored by Le Corbusier during the initial alterations he made in 1948. However, the original metal framework, completely embedded into the concrete shell, was

Il va donc être amené à «fabriquer» un Modulor spécial conçu sur la base de 2 m 04 au lieu de 2 m 26 (hauteur d'un homme le bras levé). Il écrit : «Ceci est très intéressant… et qualifie notre attitude à l'égard des formules : renifler, sentir d'abord, apprécier et décider. Ici on a décidé qu'à coup sûr le Modulor de 183/226 eut disqualifié ce qui, dans le cas présent, devait être la cause émotionnelle architecturale : le pan de verre» (13).

Toutefois, les changements de technologie et de systèmes de mesures ne sont pas les seules évolutions apportées par Le Corbusier à la conception de son pan de verre. «Le pan de verre a conservé sa raison d'être qui est d'éclairer murs, parois et sols sans zones d'ombre. Mais la surface entière n'est plus entièrement faite de verre : une partie peut être opaque, en bois, constituée par des casiers ou recevant l'appui des meubles. Si bien que le pan de verre devient maintenant le quatrième mur de la pièce» (14).

Dans la salle à manger les coulissants qui s'ouvraient largement sur la terrasse/balcon sont remplacés par une porte vitrée de 0,75 m de largeur, flanquée de deux grands panneaux fixes dyssimétriques. Une large traverse en chêne court d'un bout à l'autre de la baie à la hauteur de 0,73 m, qui est également celle de la table de marbre et de la tablette en béton placée devant le garde-corps de la terrasse. Cette traverse divise le pan de bois en deux parties inégales dont l'une forme allège vitrée. Le panneau placé devant la table de la salle à manger est également recoupé par une traverse haute. Sous celle-ci est placée une boîte à l'intérieur de laquelle se trouve un vitrail dont les subdivisions géométriques, au Modulor, sont de différentes couleurs : rouge, jaune, bleu. Ce principe de découpe du pan de verre se poursuit également dans la chambre.

En 1962, Le Corbusier constate l'état de pourrissement de cette armature de bois. L'eau s'infiltre à l'intérieur du double vitrage. Il décide alors à nouveau de remplacer la structure du pan de verre par des cadres en aluminium anodisé, munis de châssis coulissants sur guidage néoprène, dernier cri de la technique des années soixante.

preserved in its entirety, as were the T-shaped cross beams, which were in a much better condition than those of the glass wall of the west facade. The new oak frames, containing thermopane double glazed windows, plywood for the filled parts on the interior, and aluminium sheeting for the filled parts on the interior, are fitted into the original frame, with oak stops which serve to anchor the glazed windows on the outside.

Le Corbusier had a problem with the backlighting in the entrance hall of his apartment, created by the horizontal opening at the top of the wall opposite this lobby. In order to resolve this problem, he had an oak awning placed in front of the glazed section of the opening, directly below the ceiling. The vertical slats recall those used for the awning of the shopping arcade in the "Unité d'habitation" in Marseilles (15). Later, in 1952, this awning was removed and was never to be replaced. For the wall situated beneath this awning, initially grey in colour, Le Corbusier had this reclad in plywood panelling, with carefully selected ribs.

Le pan de verre de l'édicule de sortie sur le toit-jardin a également fait l'objet d'une restauration en 1948. Toutefois, le cadre métallique d'origine, entièrement enchâssé dans le béton du gros œuvre ainsi que les traverses de fer en T, moins détériorées que celles du pan de verre de la façade Ouest, seront conservés. Du coup, les nouveaux bâtis en chêne, comportant également des vitrages doubles, type «thermopane», ainsi que des parties pleines (en contreplaqué côté intérieur et plaque d'aluminium à l'extérieur) seront fixés dans le cadre d'origine des parcloses en chêne assurant la fixation des vitrages par l'extérieur.

Dans l'entrée de l'appartement existe un problème de contre-jour provenant de l'ouverture horizontale située dans le haut du mur qui fait face à cette entrée. Pour pallier ce problème, Le Corbusier fait placer, dans le vitrage de cette ouverture, directement sous le plafond, un brise-soleil en chêne dont le profil des lames verticales rappelle celui utilisé pour le brise-soleil de la galerie commerciale de l'Unité d'habitation de Marseille (15). Plus tard en 1952, ce brise-soleil sera enlevé et jamais remplacé. Quant au mur situé au-dessous de ce brise-soleil et initialement gris, L.C. le fait recouvrir d'un revêtement de bois en panneaux de contreplaqué aux nervures soigneusement choisies.

The Project's History
Histoire d'un Projet

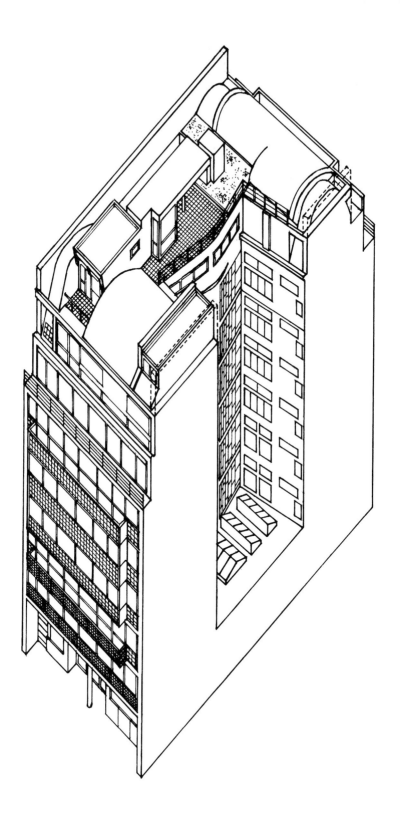

Background

It was in 1931 that Le Corbusier and Pierre Jeanneret received the commission for 24 N.C. This was to be the second time in their career, after the Clarté apartment block in Geneva, a commission they had received the year before, that Le Corbusier, 44 years old, and his cousin Pierre Jeanneret, 35 years old, would take on the construction of a multiple dwelling project. Since 1924, the two architects had been working from their practice located at 35 rue de Sèvres, and by this time had become renowned in France for their architectural works. This was partly due to Le Corbusier's propogandist talent for promoting his ideas on town planning and architecture (1), but was also the fruitful effect of their work carried out on a number of "avant garde" private residences, commissioned by several enlightened members of the middle class, the most famous of which was the Savoye villa in Poissy, constructed between 1929 and 1931.

In addition to this series of Parisian villas, there were also three other important contemporary projects that the two architects realised towards the end of the twenties and the beginning of the thirties, apart from 24 N.C., and which marked a change in scale of Le Corbusier and Jeanneret's work. The first of these was Centrosoyouz, a large office block built in Moscow between 1928 and 1934; the second was the Cité de Refuge, built in Paris for the Salvation Army between 1929 and 1933 and the third was the Swiss Pavilion, built as part of the Cité Universitaire in Paris between 1930 and 1933.

The commission of 24 N.C. offered Le Corbusier the opportunity of working with a new form of private contracting authority - property developers. This was to be the only time in his career that he would do this.

Real estate companies had sprouted up during the inter-war period in France, financed by private investors with the aim of building multiple dwelling properties, and selling the apartments in the form of shares. This is a very original procedure, compared with the far more traditional scheme of co-ownership. The financial institutions which fund the capital for these companies are mainly banks and large insurance companies. Once these investments have been set up, the property developers can

Le contexte de la commande

C'est en 1931 que Le Corbusier et Pierre Jeanneret reçoivent commande de la construction du 24 N. C.. Après celle de l'immeuble Clarté à Genève, obtenue l'année précédente, c'est la seconde fois de leur carrière qu'ils sont confrontés à l'édification d'un projet de logements collectifs. Le Corbusier a 44 ans, son cousin Pierre Jeanneret, 35 ans. Installés depuis 1924 dans leur atelier au numéro 35 de la rue de Sèvres, ces deux architectes commencent à connaître en France, une certaine notoriété. Celle-ci est dûe pour une part au talent de propagandiste que possède Le Corbusier pour faire passer ses idées en matière d'architecture et d'urbanisme (1), mais également à la réalisation de quelques résidences individuelles «d'avant-garde», pour une bourgeoisie éclairée, et dont le modèle le plus prestigieux est la villa Savoye, construite à Poissy entre 1929 et 1931.

A cette série des villas parisiennes, il faut ajouter trois autres projets «contemporains» de celui de la rue Nungesser et Coli et qui vont marquer un changement d'échelle dans la production de l'atelier Le Corbusier/Pierre Jeanneret, entre la fin des années vingt et le début des années trente. Il s'agit : du Centrosoyous, grand immeuble de bureaux construit à Moscou entre 1928 et 1934, du bâtiment de la Cité de Refuge, pour l'Armée du Salut, édifié à Paris entre 1929 et 1933 et du Pavillon Suisse à la Cité Universitaire de Paris, réalisé entre 1930 et 1933.

Avec la commande du 24 N. C., Le Corbusier va découvrir une nouvelle forme de maîtrise d'ouvrage privée : la promotion immobilière. Ce sera dans ce domaine et pour le reste de sa carrière, son unique expérience.

Au cours de l'entre-deux-guerres se constituent en effet en France des sociétés immobilières, financées par des capitaux privés, dans le but de construire des immeubles de rapport dont les appartements seront vendus sous forme d'actions aux différents acquéreurs. Comparé aux mécanismes de la copropriété traditionnelle, ce procédé est nouveau. Les organismes de financement qui apportent les capitaux à ces sociétés sont en général les banques ou les grandes sociétés d'assurance. Une

then proceed with buying the land, arranging surveys, and then finally having the buildings constructed. This type of procedure does however engender the none-too-negligible risk that budgeted construction costs can be exceeded, and that the time span for both the building and the sale of the apartments can be lengthy, especially if the project is carried out during a difficult economic period. As a result of this, if a lack of purchasers causes apartments to be left empty then this can lead (a possibility which becomes even stronger when the project is not large-scale one) to financial problems, which can result in the property development company going bankrupt, finding itself in the position of being unable to reimburse the loans accorded to it by the various investors.

Such were the conditions surrounding the construction of this building in rue Nungesser et Coli, and although the work was completed by the various parties involved - property developers, architects, and contractors, it was carried out in an environment of permanent legal dispute and imbroglio betweeen the property development company, the financial institutions and the various shareholders/tenants. This situation was to continue long after the commission was delivered in 1934, and would only come to an end in 1949, i.e. fifteen years later.

It must be remembered that at the beginning of the thirties, in the wake of the 1929 recession, the French property market was experiencing a severe decline. Political unrest, unemployment, and the threat of totalitarian governments hovering on the borders of France, did not particularly induce private individuals to invest in construction. In addition to this, a strong complicity was formed between business men and the public authorities, causing sporadic scandals to break out. Even Le Corbusier himself commented on this situation, and wrote: "Stavisky is not a figure of only today, and he is by no means dead" then, as if to reassure himself: "The defeats of these last years represent as much victories." (2).

It was thus in this troubled environment that two property developers, Monsieur Kouznetzoff (whom Le Corbusier used to call the White Russian) and Monsieur Noble, representative

fois ces financements mis en place, les promoteurs peuvent alors procéder à l'acquisition des terrains, à l'engagement des différentes études et à la construction des immeubles. Le seul risque dans ce type d'opération et qui n'est pas négligeable, se situe dans les dépassements de coûts de construction, de délais de réalisation et dans l'efficacité de la commercialisation surtout si celle-ci se déroule dans une période qui n'est pas favorable sur le plan économique. De ce dernier point de vue, toute inoccupation d'appartement par manque de souscripteurs (et cela est encore plus évident dans le cadre d'une opération de faible envergure) entraîne un déséquilibre financier qui peut amener in fine la faillite de la société de promotion, par suite de son incapacité à rembourser les emprunts contractés auprès des différents investisseurs.

C'est, en anticipant sur l'histoire de ce projet, les péripities que va connaître l'immeuble de la rue Nungesser et Coli. Bien que menée à terme par ses différents auteurs : promoteurs, architectes, entrepreneurs, la construction de ce bâtiment va s'effectuer sur fond de contentieux permanent et d'imbroglio juridique entre la société de promotion, les organismes de financement et les différents actionnaires/locataires. Cette situation perdurera d'ailleurs bien après la livraison de l'ouvrage en 1934, puisqu'elle ne trouvera son épilogue qu'en 1949, soit une quinzaine d'années plus tard.
Il faut dire que suite à la crise économique de 1929, le marché du logement connaît de graves problèmes en France au début des années trente. L'instabilité politique, le taux de chômâge, les menaces de gouvernements totalitaires qui se font jour aux frontières du pays, n'incitent pas les particuliers à investir dans la pierre. Les collusions sont nombreuses entre le monde des affaires et celui de la gestion publique. Des scandales éclatent de façon sporadique. Le Corbusier lui-même ne manque pas d'évoquer cette situation. Il écrit : « Stavisky n'est pas né de ce jour et il n'est pas encore mort ! » puis, comme pour se rassurer : «L'architecture des gens d'affaires est battue par l'architecture des gens qui aiment» (2).

C'est donc dans ce contexte troublé que deux promoteurs immobiliers, Messieurs Kouznet-

of the Société Immobilière de Paris Parc de Princes, commissioned Le Corbusier on the 28 June 1931, to build a multiple dwelling property on a site in the district of Boulogne, of which they had become the owners. The overall amount budgeted for this project was 2,300,000 French francs (1931 value). This sum was broken down in the following way: 1,800,000 francs to cover construction costs and the architects' fees, and 500,000 francs to reimburse the purchase of the land. The project was financed by the bank "La Nation" "Compagnie Anonyme de Capitalisation et d'Assurances sur la vie", the head office of which was in Paris. However, this amount only totalled 1,400,000 francs of the overall 2,300,000, and it was up to the property developers to find the remaining funds.

The terms of contract offered by the Société Immobilière Paris Parc des Princes to Le Corbusier and Pierre Jeanneret reflect this shortage of funds. Before initiating any study, the property developers wanted to be assured that at least a few of the apartments would be sold quickly. Hence in order to take on the role as architects for this project, Le Corbusier and Pierre Jeanneret had to present to the property developers "within a fortnight … guaranteed purchasers for at least two and a half floors" (3). These somewhat strange terms meant that the architects had to become real estate agents! However, in view of the fact that Le Corbusier envisaged building his own apartment here, he was ready to accept these terms. This is stipulated at the end of the letter of commission which states: "the interested parties agree to yield you their rights for the topmost section of the property on condition that if they so desire they can have an apartment in the upper levels, with terraces and a surface area appropriate to their needs" (4). This proposal is not very clear. Who were these interested parties, and what were their rights? The following terms were initially agreed on: Le Corbusier would be authorised by the property developers (and not by La Nation bank, which would later play an important role) to have an apartment constructed, at his own expense, on the seventh and eighth levels of the building, in the "construction zone" as he later wrote. This was in return for a total amount of 110,000 francs, 80,000 of which were given

zoff (que Le Corbusier appelle également le Russe blanc) et Noble représentant la Société Immobilière de Paris Parc des Princes, passent commande, le 28 Juin 1931, à Le Corbusier, de la construction d'un «immeuble de rapport» sur un terrain situé sur la commune de Boulogne et dont ils se sont rendus propriétaires. L'enveloppe financière prévue au bilan de cette opération est de 2.300 000 francs (valeur 1931). Cette somme se décompose de la façon suivante : 1.800 000 francs serviront à couvrir les frais de la construction et les honoraires des architectes tandis que 500.000 francs serviront à rembourser aux promoteurs l'achat du terrain. Le financement est apporté par la banque «La Nation» «Compagnie Anonyme de Capitalisation et d'Assurances sur la vie» dont le siège est à Paris. Toutefois celui-ci ne s'élève qu'à 1.400 000 francs (sur les 2.300 000 prévus), à charge aux promoteurs de trouver le restant de la somme nécessaire au bouclage de leur opération.

Les conditions du contrat que propose la Société Immobilière Paris Parc des Princes à Le Corbusier et Pierre Jeanneret tiennent compte de cette insuffisance de trésorerie au démarrage du projet. Avant d'engager les études, celle-ci veut s'assurer qu'au moins une fraction des logements va trouver rapidement preneur. Ainsi, pour accéder à la mission de maîtrise d'œuvre de ce projet, les architectes devront présenter aux promoteurs, «dans un délai de quinze jours … des souscripteurs fermes pour au moins deux étages et demi» (3). Conditions surprenantes qui obligent les architectes à se transformer en agents immobiliers ! Conditions acceptées toutefois par Le Corbusier, dans la mesure où il envisage, à l'occasion de cette opération, la construction de son propre logement. C'est ce que stipule en effet la fin de la lettre de commande qui indique : « en ce qui concerne le haut de la maison, les personnes intéressées seraient d'accord de vous céder leurs droits à condition qu'ils puissent avoir un appartement dans les étages supérieurs, à leur convenance, avec terrasses et une superficie convenable à leur besoin» (4). Quelles sont ces personnes, quels sont ces droits ? La proposition n'est pas très explicite. Dans un premier temps, cette clause sera réglée de la façon suivante : Le Corbusier obtiendra l'autorisation, de la part des promo-

as downpayment at the beginning of the project.

A selected circle of owners

"My dear friend, I have not been able to get in touch with Honegger, who is currently in Le Havre, for several days; I will see him when he gets back" (5).

Assigned with the task of finding potential clients, Le Corbusier drew on his private connections who could be interested in forming part of a selected number of owners. These were made up of a wide variety of people, but who nearly all had some link with his personal life. Hence Le Corbusier, or one of his connections, directly contacted such people as Dr. Pierre Winter (6), the artist Fernand Léger, the musician Jean Wiener (7), Arthur Honegger, André Maurois, and François De Pierrefeu (8). Other famous people, such as Jacques Goddet (9) and Jacques Canetti also had something to do with this apartment house at some point.

As construction was nearing completion in 1934, Le Corbusier, still on the lookout for purchasers, came into contact with the author James Joyce: "Dear Sir … Monsieur Léger has told me that you are looking for an apartment for around the sum of 16,000 francs … I think that the apartments in 24 rue Nungesser et Coli, an apartment house that I have just constructed, and in which I myself live, could be of great interest to you. Please let me, or my partner Pierre Jeanneret, know if you are interested in obtaining further details about this" (10).

Of all the potential occupants who were addressed by Le Corbusier, only Dr. Winter and François de Pierrefeu actually lived in this apartment block. In the list of original occupants, dated 14 April 1934, there figures the following names: Madame Lénard, Monsieur Schniewind, Monsieur Duclos, the above-mentioned Dr. Winter, Monsieur Blumenstein, the above-mentioned Monsieur de Pierrefeu and Monsieur Le Corbusier.

For all the negotiations which took place between the property developers and the future purchasers, Le Corbusier fulfilled the role of intermediary, as was stipulated in the letter of commission. For example, in the correspond-

teurs (et non de la banque La Nation, ce qui plus tard aura une grande importance) de construire à ses frais, un appartement sur les niveaux 7 et 8 de cet immeuble. Dans «le gabarit» écrira-t-il plus tard. Et ce en contrepartie d'une somme globale de 110.000 francs, dont 80.000 versés dès le début du projet.

Vers une sociabilité choisie

«Mon cher Ami, je n'ai pu toucher Honegger qui est au Havre pour quelques jours et que je verrai dès son retour» (5).

Chargé par ses commandifaires de trouver d'éventuels clients, Le Corbusier fait jouer ses relations personnelles pour amener vers son projet toute une sociabilité choisie. Celle-ci est composée de personnalités très diverses, mais que l'on retrouve associées, dans la plupart des cas, à l'histoire de sa propre vie.

C'est ainsi que sont contactés directement par L.C. ou par l'intermédiaire de ses relations, le docteur Pierre Winter (6), le peintre Fernand Léger, le musicien Jean Wiener (7), Arthur Honegger, André Maurois, François de Pierrefeu (8)… D'autres personnalités connues comme Jacques Goddet (9) ou Jacques Canetti, qui croiseront à un moment ou à un autre l'histoire de cet immeuble.

En 1934, alors que le chantier est sur le point d'être terminé, L.C. toujours à la recherche d'acquéreurs, entre en contact avec l'écrivain James Joyce : «Cher Monsieur … Monsieur Léger m'a dit que vous cherchiez un appartement dans les 16.000 francs … je puis vous signaler les appartements du 24 rue Nungesser et Coli, immeuble que je viens de terminer, dans lequel j'habite moi-même et qui contient, je crois, tout ce qui pourrait vous être agréable. Faites-moi signe ou à défaut de moi, à mon associé Pierre Jeanneret» (10).

De tous les occupants souhaités par L.C., seuls le docteur Winter et François de Pierrefeu, viendront habiter cet immeuble. Une liste des premiers habitants, datée du 14 Avril 1934, fait apparaître les noms de : Mme Lénard, de Monsieur Schniewind, de Monsieur Duclos, du docteur Winter déjà cité, de Monsieur Blumenstein, de Monsieur de Pierrefeu déjà cité et de Monsieur Le Corbusier.

ence relating to this project, there is a letter signed by the two property developers, addressed to Le Corbusier, asking him to transmit a draft contract to Dr. Winter for him to sign. In return, it was asked for the latter to hand his file containing the purchase documents and a downpayment cheque, to Maître Vitry, a solicitor in Boulogne, responsible for drawing up the sales contracts for this apartment house.

A dwelling above a dwelling

At the same time as Le Corbusier was trying to find occupants for his apartment house, he was also having to settle the problem of his own apartment with the property developers. A draft contract was drawn up on 22 August 1931, in which the terms of the commission were reiterated. However, although the total amount remained the same, the first downpayment, instead of the 80,000 francs initially stipulated, was reduced to 45,000 francs, and it was stated that the balance could be repaid in the form of a mortgage over a period of 20 years.

Le Corbusier promised that the architecture of "his house" above the main dwelling would "follow the same style of construction as that carried out under the auspices of the real estate company" (11). He likewise guaranteed that all necessary precautions would be taken to make the roof fully watertight. As soon as the sixth level was constructed he could therefore begin building his own residence. However, he still had to wait a whole year before the Société Immobilière de Paris Parc des Princes would consent to drawing up a lease in the name of Madame Jeanneret (18/07/1932); at this date, the construction was far from being completed. In this lease, the details of which are quite precise, the conditions for the layout of Le Corbusier's apartment are stipulated as follows: a studio or outhouse can be built over rue Nungesser et Coli. On the same level can be added two rooms and a kitchen with an external terrace overlooking rue de la Tourelle. Each of the two sections of this seventh level should have a private entrance via the footbridge situated at the edge of the internal courtyard. Lastly, the eighth

Dans toutes ces négociations menées entre les promoteurs et les futurs acquéreurs, L.C. aura rempli le rôle d'intermédiaire, tel que stipulé dans la lettre de commande. On trouve par exemple, dans la correspondance de ce projet, une lettre signée des deux promoteurs, adressée à L.C., pour demander à celui-ci de bien vouloir remettre, pour signature, un protocole d'accord au docteur Winter. Celui-ci doit en retour, transmettre son dossier de souscription, accompagné d'un chèque d'engagement, à Maître Vitry, notaire à Boulogne, chargé de la rédaction des actes de vente de cet immeuble.

La maison sur la maison

Dans le même temps où Le Corbusier se préoccupe du taux d'occupation de son immeuble, il tente de régler avec les promoteurs, le problème de son propre appartement. Le 22 août 1931 un protocole d'accord est mis au point. Celui-ci confirme les attendus de la lettre de commande. Le montant de la somme globale reste inchangé tandis que le premier versement passe de 80.000 à 45.000 francs, le solde pouvant être réglé sous forme de crédit réparti sur 20 ans.

Concernant le projet, Le Corbusier s'engage à ce que l'architecture de «sa maison» sur la maison «fasse la continuation de la construction faite par les soins de la Société» (11), la toiture devant présenter par ailleurs, du point de vue de l'étanchéité, toutes les garanties nécessaires. Dès que le sixième niveau sera réalisé, il pourra alors entreprendre l'édification de sa propre demeure.

Il faudra toutefois attendre encore une année avant que la Société Immobilière de Paris Parc des Princes consente à rédiger un bail établi au nom de Madame Jeanneret (le 18/07/1932). A cette date-là, l'immeuble est encore loin d'être terminé. Ce bail assez précis, fournit les indications nécessaires à Le Corbusier pour la distribution de son appartement. Celui-ci doit être divisé de la façon suivante : sur la rue Nungesser et Coli peuvent être édifiés un atelier ou des dépendances. Au même niveau peuvent être aménagées deux pièces et une cuisine avec terrasse extérieure donnant sur la rue de la Tourelle. Chacune des deux parties de ce septième niveau doit toutefois posséder

The "Citrohan House"
La maison Citrohan

level can be made "into a terrace and bed-room", to be accessed by stairs and a porch (12).

The lease also stipulates the obligations to be upheld by "the purchaser" in terms of co-ownership, contribution to maintenance costs, and indemnities which would have to be paid if he were to terminate the lease. It also attributes Madame Jeanneret (13) with the right to a garage and a cellar in addition to her apartment.

Constructing a fragment of the "Ville Radieuse"

As has already been mentioned, the project of constructing a multiple dwelling property in Paris for the first time in his career, was crucial to Le Corbusier. The skill with which he carried this out was largely due to the fact that he was able to fulfill the needs of his clients, whilst at the same time yielding nothing in relation to his architecture. The numerous difficult situations with which his commissionners found themselves faced, and which eventually forced them to give in to demands, perhaps helped him in this process.
In spite of all the difficulties however, the experimental architecture of 24 N.C. is a far cry from that of the standard multiple dwelling property being constructed at this time in Paris. Indeed, it is somewhat surprising that the property developers were ready to take on the risks represented by the "open plan" style of the apartments, and the non-traditional construction methods and materials chosen, such as glass brick for the facades instead of cut stone, a material which was then considered as the only guaranteed asset at the time for a property investor.
For Le Corbusier, the main objective of this project was to apply the priciples of the "Ville Radieuse", which he had finalized towards the end of the thirties. He himself summarised these principles in Athens in 1933, during a CIAM meeting:
"The crucial elements of urbanism are: the sky, trees, steel and cement, in this hierarchical order. The inhabitants of a town or city which falls under these conditions hold the key to

une entrée indépendante depuis la passerelle située en bordure de la courette intérieure. Enfin est accordée la possibilité, depuis un vestibule et un escalier, d'aménager le huitième niveau «en terrasse et en chambre» (12).

Le bail indique encore les obligations de «la preneuse» au regard de la copropriété, participation aux charges de fonctionnement, indemnités à verser en cas de résiliation de sa part … de même que l'attribution à Madame Jeanneret (13) en sus de son logement, d'un garage et d'une cave.

Construire un fragment de Ville Radieuse

On l'a déjà dit, construire un projet de logements collectifs à Paris et ce pour la première fois de sa carrière, représente pour L.C. un enjeu important. Son habileté, dans la conduite de cette opération, va reposer sur le fait de satisfaire à la demande commerciale de ses clients, tout en ne cédant rien au niveau de son architecture. On peut d'ailleurs penser que les nombreuses difficultés financières auxquelles vont être rapidement confrontés ses commanditaires, obligés à un moment donné de baisser les bras, vont l'aider quelque peu dans cette stratégie.
Reste que l'architecture du 24 N.C. est très éloignée, dans sa dimension expérimentale, de l'architecture de l'immeuble de rapport produit à Paris au cours de la même période. De ce point de vue on peut d'ailleurs être étonné que des promoteurs immobiliers aient accepté de prendre de tels risques. Risques dans le caractère «ouvert» des plans proposés pour les appartements. Risques également dans le choix de systèmes constructifs non traditionnels et dans l'emploi de matériaux nouveaux comme la brique de verre pour les façades en lieu et place de la pierre de taille, seule valeur sûre à l'époque pour un investisseur immobilier.
Pour L.C., l'objectif majeur dans cette opération est d'appliquer les principes de la Ville radieuse qu'il a définitivement mis au point à la fin des années 30. Ces principes qu'il présentera à Athènes en 1933 au cours de la réunion des CIAM, il les résume lui-même de la façon suivante : «Les éléments de l'urbanisme sont

Views of the stadium from an apartment
Vues d'un appartement sur le stade

these 'fundamental pleasures'. 24 N.C. is an epitomy of this. The facades comprise two glass walls situated below concrete decks; thus in each apartment there is a glass facade running from the ceiling right down to the floor, enabling light to be lured inside and captured" (14).

As a commentary to the photographs in "L'Œuvre Complète", where this project is presented , Le Corbusier writes: "Here can be seen examples of how the apartments would be in the 'Ville Radieuse', the only difference being that in the latter, the floor heights would be 4.50 m divisible into two sections of 2.25 m., compared with the height of 2.50 m here, imposed by regulations" (15).

In addition to this new doctrine on urbanism, Le Corbusier also added the previously-mentioned "Five Points of Modern Architecture", with the idea that modern construction means enabled new architectural components to be developed, such as the lengthwise window and the open facade.

According to Le Corbusier, this development had to go hand in hand with that of the construction industry, which should henceforth "adopt the implacable preciseness of industrial methods by breaking away from secular construction and by building not on the site itself, but rather inside the shells of large factories".

Urban-style architecture

The plot of land on which Le Corbusier's apartment block stands is slightly trapezoid in shape, measuring 12 metres in width by 25 metres in depth. It has an east/west exposure. On the north side, it adjoins another, slightly larger terrain belonging to the Société Immobilière Boulogne Parc des Princes, not to be confused with the Société Immobilière Paris Parc des Princes. These two plots both share the same courtyard, a factor which reduced the building area for Le Corbusier's terrain by 42 m². On the south side, two major problems arose: firstly, the necessity of creating a party wall between the two properties, and secondly the requirement for natural light to flood the apartment premises; as a result, Le Corbusier decided to incorporate a small courtyard on this side, measuring 24 m².

le ciel, les arbres, l'acier et le ciment, et cela dans cet ordre et cette hiérarchie. Les habitants d'une ville classée dans ces conditions se trouvent détenir ‹les joies essentielles›. Dans cette démarche 24 N.C. doit servir de témoin. Les façades ont été constituées par deux pans de verre placés au devant des planchers de béton. Chaque appartement possède donc une paroi de verre allant du sol au plafond. Des moyens d'obturer la lumière ont été établis». (14)

Commentant les photos qui présentent ce projet dans les pages de l'Œuvre Complète, il ajoute : «Voici des démonstrations d'appartements dans des conditions de ‹Ville radieuse›, avec cette réserve que dans la Ville radieuse, les hauteurs d'étage seraient de 4 m 50 divisibles partiellement en deux fois 2 m 25. Ici respect au règlement : hauteur 2 m 50» (15).

A l'application de cette nouvelle doctrine d'urbanisme, L.C. ajoute celle des «cinq points de l'architecture moderne» déja évoquée, avec en arrière-plan cette idée que les éléments du vocabulaire architectural peuvent désormais évoluer dans la mesure où de nouveaux moyens de constructions le permettent. Ainsi par exemple la possibilité d'expérimenter la fenêtre en longueur ou la façade libre.

Cette évolution doit aller de pair, selon L.C. avec celle de l'industrie du bâtiment dans son ensemble qui doit désormais «adopter l'implacable exactitude des méthodes industrielles en arrachant le bâtiment à ses méthodes séculaires de production et transformer la construction des maisons non pas sur le terrain mais à l'intérieur des grandes usines».

De l'architecture urbaine

La parcelle sur laquelle L.C. installe son projet est légèrement trapézoïdale. Orientée Est/Ouest, elle mesure 12 m de large par 25 m de profondeur. Au nord, cette parcelle est mitoyenne d'une autre parcelle, légèrement plus grande, appartenant à la Société Immobilière Boulogne Parc des Princes, différente de la Société Immobilière de Paris Parc des Princes. Le terrain affecté à la construction du 24 N.C. doit partager avec cette parcelle, une servitude de cour commune. La bande constructible est donc diminuée de ce côté-ci, d'une superficie au sol de 42 m². Au sud, les problèmes de mi-

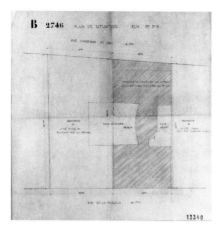

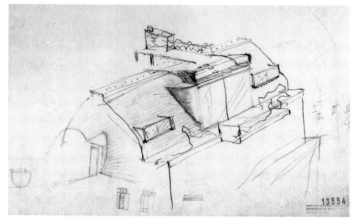

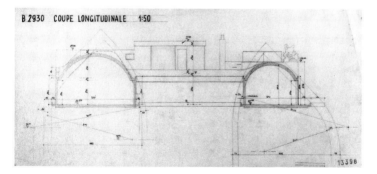

Site plan for the apartment block
Angle view of the roof
Longitudinal cross-section – roof and arches

Plan de situation de l'immeuble
Perspective sur le toit
Coupe longitudinale – Toîture et voûtes

Building regulations for this apartment block were very stringent, and had to apply The City of Paris urban planning regulations, dating from 1902. Regarding these, F. Laisney wrote: "These regulations are not only applicable to Paris - the theory behind them stems from the concept of hygienics" (16). These regulations, modern in terms of their content, were not in principle antithetical to Le Corbusier's own views on the need to de-densify the traditional city, nor was it on this particular point that Le Corbusier would indirectly come into conflict with the architect Bonnier, who took part in the drawing up of these urban planning regulations. It was rather on the issue of construction zones and facade overhangs that conflict would arise.

Regarding the construction zone, these regulations stated: "It is necessary to clearly indicate to the constructors that they must create an enclosed area, the exterior of which they must not touch, although they may have free reign to the interior" (17). When drawing up the dimensions of this construction zone, the architects had to comply with the following requirements: the vertical line of the structure, the height of which could not exceed 20 m, had to rise up from the building line. However, it was possible for this height to be modified in accordance with the width of the street. This vertical line had to end in an arc which was tangent to it, and a second straight line, positioned at a 45° angle to the vertical line. At the most, the radius of the arc had to equal half the width of the street.

In addition to the street-facing construction zone, there is the courtyard construction zone. When these are not symmetrical, due to the street being wider than the courtyard or vice versa, the result is an outline in the form of a "bishop's bonnet". This is the outline that appears in the superstructure drawing of Number 24 N.C.

The fact that architects had to comply with these alignments irritated Le Corbusier. He wrote: "The existence of construction zones was necessary when buildings frames were constructed out of wood. They are inadmissibly redundant in our construction era of steel and reinforced concrete" (18).

toyenneté et l'obligation d'éclairer les locaux des appartements en premier jour, obligent L.C. à ménager, dans cette partie de son projet, une courette d'une superficie de 24 m². Les règles d'édification sont très strictes. Le règlement d'urbanisme de la ville de Paris, applicable à ces terrains, est celui de 1902. Comme l'écrit F. Laisney «l'esprit de ce règlement n'est pas seulement applicable à Paris. C'est un règlement dont le fondement théorique est l'hygiénisme» (16). L'esprit de ce règlement, moderne dans son contenu, ne devrait pas, en principe, entrer en contradiction avec les propres vues de L.C. sur la nécessité de dédensifier la ville traditionnelle. Ce n'est pas sur ce point qu'il va entrer indirectement en conflit avec l'architecte Bonnier qui a participé à l'élaboration de ce règlement d'urbanisme. C'est sur celui portant sur la question des gabarits et saillies en façade.

Concernant le problème des gabarits, ce règlement stipule : «Il s'agit d'indiquer clairement aux constructeurs, qu'ils ont à se renfermer à l'intérieur d'un contour/enveloppe sur lequel ils ne peuvent empiéter, mais à l'intérieur duquel ils peuvent se mouvoir sans aucune entrave» (17). Pour tracer ce gabarit, les architectes doivent opérer de la façon suivante : il s'agit d'élever une verticale sur l'alignement. La hauteur de cette verticale ne peut en aucun cas excéder 20 m. Toutefois, cette hauteur peut varier en plus ou en moins, en fonction de la largeur de la voie. Le tracé de cette verticale doit être complété au moyen d'un arc de cercle qui lui est tangent et d'une seconde ligne droite tangente quant à elle, à 45°. Le rayon de l'arc de cercle doit être au plus égal, à la moitié de la largeur de la voie.

Au tracé de ce premier gabarit sur rue vient s'ajouter celui du gabarit sur cour. Quand ces deux gabarits ne sont pas symétriques, la rue étant plus large que la cour ou l'inverse, on obtient un tracé en «bonnet d'évêque». C'est ce tracé que l'on va retrouver dans le dessin des superstructures du 24 N.C.

L'obligation qui est faite aux architectes de se soumettre à ces tracés, irrite L.C.. Il écrit : «Les gabarits avaient une raison d'être lorsque l'on construisait en charpente en bois. Ils sont un résidu inadmissible à l'époque de la construction de l'acier et du ciment armé» (18).

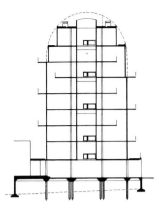

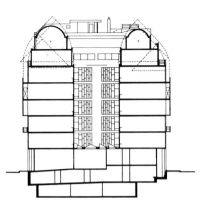

Comparative cross-section of the Clarté
apartment block and 24 N.C.
"My House"

Coupe comparative entre l'immeuble
Clarté et 24 N.C.
«Ma Maison»

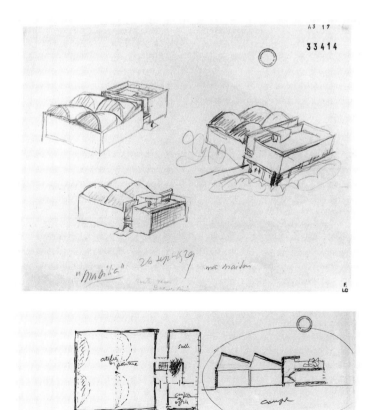

However, Le Corbusier responded cleverly to this constraint. He did not want to have to give up too much of the habitable space in his own dwelling (on levels 7 and 8 of Number 24 N.C.) in order to comply with construction zone regulations. Whereas the other architects working on the same street contented themselves with incorporating terraced recesses, Le Corbusier designed an enclosed area which he ensures corresponded exactly to the regulations. As the construction zone on the side of rue Nungesser and Coli was larger than that of rue de la Tourelle, it was there that he decided to incorporate the large space that was to be his art studio. The shape of this area inspired him to draw on the concept of the arch as the roofing system, not only for the art studio but also for his apartment itself. In Volume 3 of his "Œuvre Complète", a drawing is displayed of the place he elected to be both his art studio and living quarters, bearing the inscriptions "1929" and "My house". He drew "the sketch plan en route to Buenos Aires, aboard the 'Massilia'; the plan consisted of a square-shaped art studio, with lighting provided by Freyssinet system arches; situated on the other side of a shared lobby, the heart of the residence. Requiring open land in the suburbs, this design basis unintentionally echoed that of the seventh and eighth floors of the apartment block in Porte Molitor, built in 1932" (19).

Another regulatory point that would cause Le Corbusier problems regarding urban planning regulations concerned the issue of "authorised overhangs above the public street" (20).
In 1927, in the Planeix house constructed in Paris (21), he had used a cubic space which acted as an overhang for the main facade and in which the living room was housed. This space, supported by two pillars and pierced only by a small rectangular opening on the level of the first floor, was in fact a highly personal interpretation of the bow window, a component of urban architecture that French architects practising between the two wars had decided to rehabilitate and update, as the works of Roux Spitz, Elkouken, Abella, Bertin, Patou and others demonstrate.
On the subject of bow windows, the Parisian regulations of 1902 state that "overhangs in the form of bow windows (jetties) may not ex-

Pour répondre à cette contrainte, L.C. va utiliser le règlement d'une manière astucieuse. En effet, ne désirant pas perdre, dans la construction de son propre logement, sur les niveaux 7 et 8, trop de volume habitable, et là où les autres architectes qui interviennent dans la même rue se limitent à effectuer des retraits en terrasses, L.C. redéfinit un volume/enveloppe qui vient se caler de façon très précise sur l'épure règlementaire. Le gabarit sur la rue Nungesser et Coli étant plus généreux que celui sur la rue de la Tourelle, c'est là qu'il vient placer le grand espace de son atelier. Le profil de ce volume/enveloppe lui donne également l'idée d'utiliser la voûte comme système de toiture, à la fois pour son atelier mais également pour son appartement. Dans le tome 3 de l'Œuvre Complète, L.C. fournit le dessin de son lieu d'élection, à la fois logement et atelier, il écrit : «1929 ‹Ma maison›. Croquis fait à bord du ‹Massilia› en route pour Buenos Aires. Un atelier carré, éclairé par les voûtes système Freyssinet ; de l'autre côté d'un vestibule commun, le corps du logis. Cette conception, impliquant un terrain libre en banlieue, a trouvé inconsciemment sa solution dans l'équipement des 7ème et 8ème étages de l'immeuble Porte Molitor en 1932» (19).

L'autre point du règlement avec lequel L.C. connaît quelques difficultés, porte sur la question des «saillies autorisées au-dessus de la voie publique» (20).
En 1927, dans la maison Planeix construite à Paris (21), il avait utilisé un volume cubique faisant saillie sur la façade principale pour abriter la salle de séjour. Ce volume, porté par deux piliers et percé seulement d'un petit trou rectangulaire, à la hauteur du premier étage, représentait une interprétation personnelle du bow window, élément de l'architecture urbaine que les architectes français de l'entre-deux-guerres avaient décidé de remettre au goût du jour, comme le montrent les travaux de Roux Spitz, Elkouken, Abella, Bertin, Patou … Concernant les bow-windows, le règlement d'urbanisme parisien de 1902 indique que «les saillies en bow-windows (encorbellement) doivent être limitées au tiers de la façade» (22). Règle que L.C., dans ses premières esquisses de façade pour 24 N.C., ne va absolument pas prendre en compte. Dans ces des-

ceed one-third of the facade's surface area"
(22). A regulation which Le Corbusier paid absolutely no attention to when setting his first
facade drawings of Number 24 N.C. to paper.
In these drawings, he incorporated bow windows on each floor, constructed out of glass
blocks, and situated on either side of the facade. The total surface area of these bow windows far exceeds that authorised by the regulations in force. When he presented these
sketches, Le Corbusier commented: "Here is
the first project which attempts to make the
most of the pitiful regulations to which bow
windows are subjected" (23).
As for the issue of construction zones, this urban constraint in fact affected the project in a
positive way. While redefining the symmetrical
axis of these facades, Le Corbusier designed a
large central bow window which he hung from
the third, fourth and fifth levels of his building.
This bestowed a more disciplined shape to the
facade compared with the geometric design
apparent in his initial plans.

From the moment Le Corbusier accepted the
conditions of the project, namely to limit his
contribution to working purely on the plot of
land belonging to the Société Immobilière du
Parc des Princes, and to comply with the building regulations in force, the design aspect of
the project became clearer. It should be noted,
however, that although the letter of commission mentions the construction of a multiple
dwelling property, it does not specify the
number of apartments to be constructed; this
thus remained an open question, as did the
layout of each apartment, which was to be
constructed "to suit each tenant" (24), a new
selling point mentioned in the advertising brochure used to promote the building. A selling
point which happily dovetailed with the
Corbusian theory of open plan, a concept
which Le Corbusier incorporated into this
project.

Le Corbusier was very preoccupied with alter-
ing the established notion of middle class
apartments. In two sketch plans (FLC plans
13318/13319), the standard floor plan can be
seen to incorporate one or at times two apartments per floor; these apartments are perfectly
symmetrical. There is some evidence of open

sins, il utilise en effet une composition, qui
d'étage en étage, fait alterner de part et
d'autre de la façade des bow-windows construits en pavés de verre. La superficie totale de
ceux-ci dépasse largement celle autorisée par
le règlement. Présentant ces esquisses, L.C.
commente : «Le premier projet essayant de tirer parti de la pitoyable réglementation des
bow-windows» (23).
Comme pour la question des gabarits, cette
contrainte d'urbanisme va avoir un effet positif
dans le projet. Retravaillant ses façades à partir de leur axe de symétrie, L.C. met en œuvre
en définitive un grand bow-window central
qu'il accroche sur les niveaux 3/4/5 de son immeuble. Cette solution redonne ainsi à l'architecture de ses façades une plus grande rigueur
dans sa composition comparée au dessin géo-
métrique employé dans les premières solu-
tions.

A partir du moment où L.C. accepte d'entrer
dans le programme qui lui est demandé, de
limiter son projet à la seule parcelle appartenant à la Société Immobilière du Parc des Princes, et de prendre en compte les problèmes
règlementaires, le travail de conception va se
préciser. A noter toutefois que si la lettre de
commande porte sur la construction d'un immeuble de rapport, celle-ci ne précise pas le
nombre des appartements à édifier. Cette
question reste ouverte, de même que celle portant sur les dispositions de chacun des appartements à réaliser :«au gré de chaque preneur» (24) comme l'indique le dépliant publicitaire accompagnant la commercialisation de
cet immeuble. Argument qui coïncide d'une
façon heureuse avec la théorie du plan libre,
que L.C. va tenter de mettre en œuvre une
nouvelle fois dans ce projet.

Pour l'heure c'est plutôt sur les canons de
l'appartement bourgeois que L.C. travaille.
Deux esquisses de plans (Plans FLC 13318/
13319) montrent des recherches d'étage courant qui organisent un, voire deux appartements par niveau. Ces appartements sont parfaitement symétriques. Le plan libre fait une ti-
mide apparition avec ses trames de poteaux
disposées en retrait des façades et qui se libè-
rent des éléments de cloisonnement intérieur.
Mais la comparaison de ces premières esquis-

plan design, with the columns set back from the facades, thereby freeing themselves from interior partitions. However, when these early sketches are compared with the apartments which were actually built, one can clearly see the distance traversed by Le Corbusier in his quest to transform 19th century views of middle-class dwellings into modern architectural concepts. Hence in sketches based on standard multiple dwelling properties, one can find the master's bedroom and his private bathroom, a bedroom for the lady of the house, together with her boudoir and her open fireplace, and the large living area, kitchen, pantries, etc.

The layout of the initial plan therefore follows an extremely rational form. The above-mentioned living area, composed of the sitting room and the dining room, opens out onto rue Nungesser and Coli. Set back from this area is an office that joins onto an imposing gallery, which in turn provides a transition area allowing access the other side of the apartment, which overlooks rue de la Tourelle. There one can find the sleeping quarters, which comprise four bedrooms and wash areas. The lifts and service areas are concentrated in the center of the plan. For those floors with two apartments, the situation of the facades, one of which is positioned at a perpendicular angle to the party wall, the other at an oblique angle, enables the problem of access to day and night areas to be resolved, since the gallery, whose length is reduced by half, provides access on the same side to both these parts. If one ignores the fact that these apartments can receive natural light from the courtyard, it can be said that in fact these apartments face only one direction – either to the east (on the side of rue Nungesser and Coli) or to the west (on the side of rue de la Tourelle).

From the very first sketches, Le Corbusier studied the question of how to separate the master's passage from that of the domestic staff. This is reflected in the standard floor plan, within which a service passageway is located along the small courtyard. This passageway, which accesses the "shared services", kitchens and pantries, can be reached by lift or by stairs. As for the residential parts of the building, these can be accessed by a free-standing

ses avec les plans des appartements qui seront réalisés, montre le chemin parcouru par L.C. pour passer de la conception du logement bourgeois consacré par le XIXème siècle à celle d'un logement moderne. C'est ainsi que dans ces esquisses basées sur la typologie des appartements des immeubles de rapport, on trouve : une chambre pour Monsieur avec sa salle de bains privée, une chambre pour Madame assortie de son boudoir et de sa cheminée à feu ouvert, ainsi qu'un grand salon, la cuisine, les offices etc. …

Au-delà de l'anecdote, l'organisation de ce premier plan est extrêmement rationnelle. La zone de séjour composée de la salle à manger et du grand salon déjà évoqué, ouvre sur la rue Nungesser et Coli. En retrait de cette zone se trouve le bureau en communication avec la galerie d'apparat qui assure la transition avec l'autre partie de l'appartement donnant sur la rue de la Tourelle. Là est disposée la zone nuit qui comprend quatre chambres et leurs sanitaires. Au centre du plan sont concentrés les systèmes de distribution verticale et les services. Dans le cas de deux appartements par niveau, le tracé en plan des façades, dont une partie est perpendiculaire au mur mitoyen, l'autre en oblique, permet de régler le problème de la distribution jour/nuit. Dans ce dernier cas, la galerie dont la longueur est réduite de moitié, donne accès, sur le même côté à la fois à la zone jour et à la zone nuit. Si l'on excepte pour ces appartements, la possibilité d'éclairage naturel offerte par le système des cours, on peut considérer que ceux-ci sont en fait mono-orientés, soit à l'Est côté rue Nungesser et Coli, soit à l'Ouest, côté rue de la Tourelle.

Concernant les problèmes de distribution, propres au fonctionnement de l'immeuble de rapport, L.C. prend en compte, dès le démarrage de ses esquisses, la question du double circuit maîtres/domestiques. Cela se traduit dans le plan d'étage courant, par la présence d'une passerelle de service, située le long de la courette. Cette passerelle qui donne accès aux «services communs», cuisines et offices, est desservie par un escalier et un ascenseur. Quant aux parties privatives du logement, elles bénéficient d'un système de distribution verticale, autonome qui, depuis un palier, permet

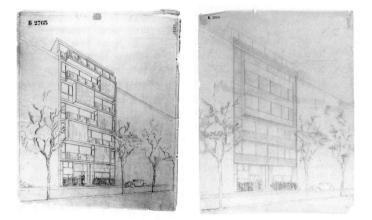

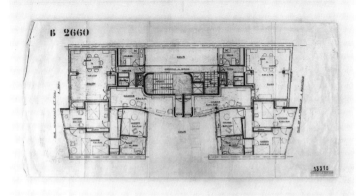

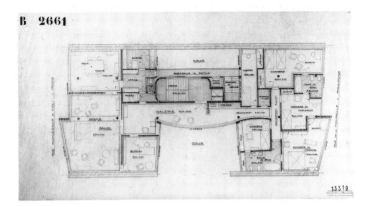

Facade design
Angle view of the building with skyline
Plans for an apartment (FLC 13318 - 13319)

Dessin de façade
Perspective de l'immeuble avec silhouettes
Plans d'un appartement (FLC 13318 - 13319)

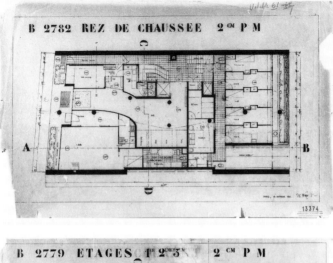

B 2782 REZ DE CHAUSSEE 2ᶜᴹ P M

A   B

13374

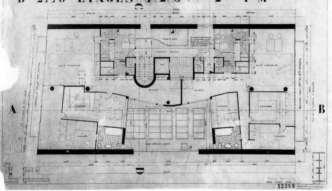

B 2779 ETAGES 1ᵉʳ 2ᶜᴹᵉ 3ᵉ 2ᶜᴹ P M

A   B

13358

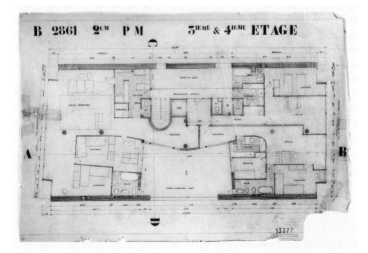

B 2861 2ᶜᴹ P M 3ᴵᴱᴹᴱ & 4ᴵᴱᴹᴱ ETAGE

A   B

13377

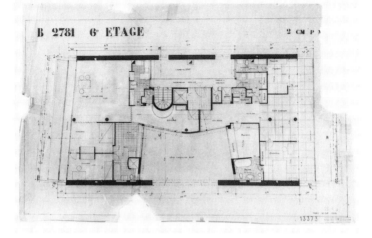

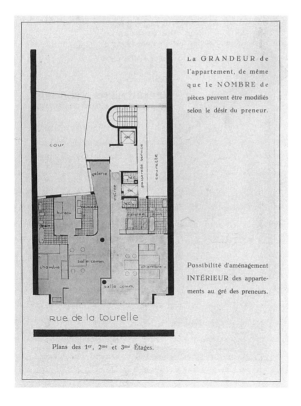

La GRANDEUR de l'appartement, de même que le NOMBRE de pièces peuvent être modifiés selon le désir du preneur.

Possibilité d'aménagement INTÉRIEUR des appartements au gré des preneurs.

Plans des 1ᵉʳ, 2ᵐᵉ et 3ᵐᵉ Étages.

Different floor plans (FLC 13374 - 13368 - 13377 - 13373; advertising brochure)

Plans de différents étages (FLC 13374 - 13368 - 13377 - 13373 ; dépliant publicitaire)

lift situated on the landing. These features reveal the sophisticated design of the plan, which offers the option of one apartment per floor covering the whole of the terrain's surface area (about 220 square metres), or two apartments of 110 square metres each, facing either east or west.

In search of a modern layout

Le Corbusier did not retain these sketches for very long. They were still too "nineteenth centuryish" for him, and he rejected them in favour of an open plan design stretching between the two party walls (FLC plan 13325). Inside this structure, space can be freely divided in accordance with personal needs. This aspect of the project was, as previously mentioned, the result of a consensus reached between the contracting authority and the architects. As Le Corbusier himself says: "Each floor is constructed to suit its inhabitant, with open floor space, an open facade and five columns running from one facade to the other" (25).

The "open plan" concept, from which the other four points of modern architecture would naturally stem (cf. supra), can be traced back to 1914, the year in which Le Corbusier "invented" the Dom-Ino house. "We have designed a structural/framework system which is completely independent to the floor plan of the house: this framework bears the weight of the flooring and the staircase … all that is left to do is to incorporate a dwelling into this framework. The format of the 'Dom-Ino' framework, with its specific positioning of columns, allows innumerable combinations of interior layouts and enables all forms of light to penetrate the facade" (26). Twenty years later, all the apartments in the block on rue Nungesser and Coli would be designed in accordance with these open facades composed of huge bay windows running from floor to ceiling.

However, Le Corbusier did not let himself be hemmed into an open plan system that draws on an orthogonal grid system. On the contrary, the walls and columns within the apartments of 24 N.C. are laid out in a random,

l'accès à ces logements. Il s'agit donc d'un principe de plan très sophistiqué qui propose, soit un logement par niveau traversant la totalité de la parcelle et d'une superficie d'environ 220 m², soit en variante, deux logements de 110 m² chacun et orientés soit à l'Est soit à l'Ouest.

La recherche d'un plan moderne

L.C. ne va pas retenir très longtemps ces premières esquisses de plan. Délaissant une composition à l'esprit encore trop dix-neuvièmiste, il va s'orienter vers la conception d'un plateau libre, d'une structure d'accueil qui vient se caler entre les murs mitoyens (Plan FLC 13325) et à l'intérieur de laquelle, la division de l'espace peut être organisée librement, en fonction des besoins.

Comme il l'indique lui même, «Chaque étage a été construit au gré de l'habitant, la construction fournissant des planchers libres, une façade libre et cinq poteaux d'une façade à l'autre» (25).

Le concept du «plan libre», duquel seront énoncés par déduction les quatre autres points de l'architecture moderne (cf. supra), remonte à 1914, année au cours de laquelle Le Corbusier «invente» la maison Dom-Ino. «On a donc conçu un système de structure/ossature, complètement indépendant des fonctions du plan de la maison : cette ossature porte simplement les planchers et l'escalier … Il reste ensuite à installer une habitation à l'intérieur de ces ossatures. Le format de l'ossature ‹Dom-Ino›, la situation toute particulière des poteaux, permettent d'innombrables combinaisons de dispositions intérieures et toute prises de lumière imaginables en façade» (26). Vingt ans plus tard, tous les appartements de l'immeuble de la rue Nungesser et Coli seront effectivement aménagés en fonction de ces façades devenues libres et composées de grandes baies vitrées allant du sol au plafond.

Toutefois, L.C. ne se laisse pas enfermer dans un système de plan libre qui privilégie une grille orthogonale. A contrario, la répartition des poteaux et des parois dans l'espace des

haphazard manner, to recall an "architectural stroll", as he loved to write.

This results in his architectural work, like his painting, being freed from the rigidity of a lay-out grid, thus creating unexpected spaces that dilate and recede, the effect of which is made all the greater by the play on natural light.

Housing the domestic staff. The reversal of a system

The question of housing domestic staff has always been a major issue in the design of multiple dwelling properties. The traditional principle of domestic chambers nestled in the attics, under the eaves of buildings constructed in the 19th century, is well known. The works of such popular writers as Eugène Sue and Emile Zola amply demonstrate the questionable conditions of habitability that characterised these spaces reserved for domestic staff. This is one of the points that Le Corbusier sought to call into question in his work on this project. As he wrote: "The rooms for domestic staff are located on the ground floor, so that they do not have to suffer the often terrible conditions of the attics. In addition, the roofing has been reserved, as should always be the case, for the best apartment in the building, in the midst of slates, flowers, grass areas and shrubs" (27). With this proposal, Le Corbusier was able to kill two birds with one stone. First of all, by installing a roof garden on the top level, he remained faithful to the principles which he himself had set out in the Five Points of Modern Architecture. And secondly, the "utility" character of the ground floor of his building was strengthened. Located on rue de la Tourelle, the quarters for the domestic staff receive natural light from the street. Grouped with laundry washing and drying rooms, these rooms define a portion of the common utilities area of the building. Together with the entrance hall, the caretaker's quarters and the access ramps to the parking area, they give the ground floor space a decidedly semi-public status.

logements du 24 N.C. est organisée de manière aléatoire pour susciter la «promenade architecturale» comme il aime à l'écrire.

La logique qui découle de ce choix fait que sa composition, à la manière de son œuvre peint, se libère de la rigidité de la trame pour produire des espaces inattendus jouant sur la dilatation ou le rétrécissement et dont les effets sont accentués par la maîtrise de la lumière naturelle.

Le logement des domestiques. L'inversion d'un système

La question du logement des domestiques a toujours été une donnée importante dans la conception de l'immeuble de rapport. On connaît le principe traditionnel des chambres de bonnes situées dans les mansardes des immeubles construits au cours du XIXème siècle. La littérature populaire, à travers des auteurs comme Eugène Sue ou Emile Zola, rend bien compte des conditions précaires d'habitabilité de ces espaces réservés à la domesticité. C'est un point que L.C. va tenter de remettre en question dans son projet. Il écrit à ce propos : «Les chambres de domestiques sont installées au rez-de-chaussée, de façon à libérer les domestiques de la sujétion souvent effroyable des mansardes. D'ailleurs, la toiture a été réservée, comme cela devrait être toujours, pour y établir l'appartement le mieux situé de toute la maison : au lieu d'ardoises, des gazons, des fleurs, des arbustes» (27).

Avec cette proposition, L.C. fait d'une pierre deux coups. D'une part, il obéit aux principes qu'il a lui même édictés dans les Cinq points de l'Architecture Moderne, en réservant le dernier niveau à un toit-jardin. D'autre part, il renforce le caractère de «services» du rez-de-chaussée de son immeuble. Positionnées sur la rue de la Tourelle, les chambres des domestiques sont éclairées en premier jour sur cette rue. Groupées avec les buanderies et les séchoirs, elles définissent une partie des services communs de ce bâtiment. Avec le hall d'entrée, la loge du concierge et la rampe d'accès aux parkings situés en sous-sol, elles donnent un statut semi-public évident à l'espace de ce rez-de-chaussée.

Architecture and construction

The construction system chosen by Le Corbusier for the building on rue Nungesser et Coli is similar to the one he had already used for the Cité de Refuge. The building's frame is made of reinforced concrete, designed using a column/beam structure. According to the specifications, "the columns placed in the center of the building…are linked together by springers and gantries whose defining characteristic is that they are embedded in the thickness of the floors" (28). Le Corbusier had underlined this latter specification in the text, indicating that for him an essential feature of this sytem, in keeping with the "open plan" idea, was that the beams not be visible on the underside of the floorboards. The ceilings would thus be perfect free-running horizontal surfaces, so that nothing would obstruct the view towards the outside at the point where the floorboards and the glass walling meet.
Le Corbusier also specified that "below ground level, one could opt for not embedding these same springers into the thickness of the floors, as long as a free vertical space of 2 m 05 is preserved between their soffit and the garage paving" (29). As for the infilling of the floors, Le Corbusier used hollow blocks arranged perpendicular to the party walls.
This is a simple structure. The only real difficulty from a construction perspective concerns the wall pockets which had to be implemented in the heart of the project to comply with the need for two easements servicing the common courtyards. Hence the need to construct a series of trimmer joists made of reinforced concrete, of which Le Corbusier noted: "the portion of the building situated between the two courtyards will include a special reinforced concrete layout which the contractor will have to submit to the architects for approval" (30).

As is often the case with Le Corbusier's architecture, two types of layout grid co-exist. The first, which might be described as "utilitarian", plays a role in the project which is exclusively static. It is used to bear the load of the building. This support layout grid, difficult to visualise at first glance, is generally hidden within the plan's various thicknesses: the stairs, the service premises, etc.

Architecture et construction

Le système constructif choisi par Le Corbusier pour l'immeuble de la rue Nungesser et Coli s'apparente à celui qu'il a déjà utilisé pour la construction de la Cité de Refuge. L'ossature du bâtiment en béton armé est conçue à partir d'une structure poteaux/poutres. Le devis descriptif précise à ce sujet «les poteaux situés au centre du bâtiment… sont reliés entre eux par des sommiers et des chevalets dont la caractéristique est d'être contenus dans la hauteur des planchers» (28). Cette dernière spécification, soulignée par Le Corbusier dans le texte, signifie que celui-ci ne veut pas avoir de retombée de poutre en sous-face des planchers des appartements, cette disposition étant essentielle au regard de l'idée de «plan libre». Les plafonds seront donc filants tels des plans horizontaux parfaits, de manière à ce que rien ne vienne arrêter le regard vers l'extérieur, au point de rencontre entre le plancher et le pan de verre. D'ailleurs, précise-t-il «au niveau du sous-sol ces mêmes sommiers pourront ne pas être incorporés dans la hauteur des planchers sous réserve de laisser entre leur sous-face et le dallage du garage, une hauteur libre de 2 m 05» (29). Quant au remplissage de ces planchers Le Corbusier prévoit de le faire réaliser en corps creux disposés perpendiculairement aux murs mitoyens.
Cette structure est simple. Le seul point délicat de sa mise en œuvre concerne les réservations à effectuer au cœur du projet pour respecter les deux servitudes de cours communes. Il faut pour cela faire réaliser une série de chevêtres en béton armé à propos desquels Le Corbusier note : «la partie du bâtiment située entre les deux cours comportera une disposition spéciale du béton armé que l'Entrepreneur devra soumettre aux architectes» (30).

Comme souvent dans l'architecture de Le Corbusier, coexistent deux types de trames. La première, que l'on pourrait qualifier «d'utilitaire», ne remplit qu'une fonction statique dans le projet. Elle est employée pour reprendre les charges du bâtiment. Cette trame porteuse, dont la lecture est difficile au premier regard, est en général cachée dans les différentes épaisseurs du plan : escaliers, locaux de service, etc. …

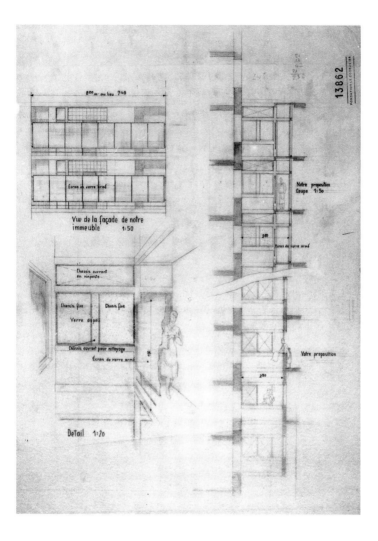

Design for the hand rail of the interior footbridge with ascending wall to prevent domestic staff from shaking rugs out over the interior courtyard

Etude sur le garde corps de la passerelle
intérieure avec paroi montante pour éviter
que les domestiques ne secouent les tapis sur
la cour intérieure

The second and more specifically architectural type of layout grid, but which also plays a static role in the project, is the open plan structure. While the formal characteristics of the first type of layout grid's support points are defined according to strict mathematical necessity, those of the second type are defined by aesthetic attributes.

Few execution details are to be found in the project archives. Worse, it seems that at one point the very plans themselves were reported lost by Le Corbusier. In a letter written to Pierre Jeanneret in 1949, when the building was being renovated for the first time, he worries: "before I begin looking among the archives at 35, rue de Sèvres, could you tell me if you're the one who has the plans for 24, rue Nungesser et Coli?" (31)
However, the fact that execution documents are unavailable today does not mean that Le Corbusier and Pierre Jeanneret were anything less than fully involved in the construction phase of their project. A perusal of the specifications sheet indicates the contrary, even if there is a certain gap between the prescriptions it contains and the building that was ultimately constructed. Here are a few examples among the numerous prescriptions:
"The Nevada bricks (used for the bow windows) shall be separated from the concrete by an iron frame to be supplied by the metal worker …"
"There is no need to plan fillisters for the metal doors and windows, but rather wall pockets or the drilling of holes …"
"The steps of the interior staircase between the ground floor and the first floor shall be covered with white vitrified clay tiles trimmed with an angle iron supplied by the mason. The risers shall be made of black ceramic tiles …"
"For the ground floor interior wall, a small portion of the wall surface as well as the two party wall returns shall be covered with stonewashed stucco (this was pencilled in by Le Corbusier as a replacement for the Comblanchien paving, which he had deleted from the text) … the covering shall be stopped at the bottom at approximately 23 cm above the 0 line …" (32)
These specifications also include a certain number of recommendations addressed to the contractors on how to procede with the con-

La seconde plus spécifiquement architecturale mais qui remplit également une fonction statique, matérialise la représentation du plan libre. Autant les caractéristiques formelles des points d'appuis de la première trame ne sont définies que par les strictes nécessités du calcul, autant celles de la seconde trame, le sont à partir de considérations esthétiques.

Peu de détails d'exécution existent dans les archives de ce projet. Il semble d'ailleurs que les plans eux-mêmes aient été à un moment donné égarés par Le Corbusier. Dans une lettre écrite à Pierre Jeanneret au moment de la première restauration de l'immeuble en 1949, il s'inquiète : «avant de procéder à des recherches dans les archives 35 rue de Sèvres, veux-tu me dire si c'est toi qui possède les plans du 24 rue Nungesser et Coli ?» (31)
Aujourd'hui, cette absence de documents concernant l'exécution ne signifie pas que Le Corbusier et Pierre Jeanneret n'aient pas accordé une extrême attention à la réalisation de leur projet. La lecture du descriptif indique le contraire, même si les prescriptions qu'il comporte présentent des écarts avec le bâtiment qui sera réalisé. Voici quelques exemples, parmi beaucoup d'autres, de ces prescriptions :
«Les briques Nevada (employées pour le bow-window) seront séparées du béton par un cadre en fer fourni par le serrurier …»
«Il n'y a pas lieu de prévoir de feuillures pour les menuiseries métalliques, mais des trous réservés ou refouillés …»
«les marches de l'escalier intérieur entre le rez-de-chaussée et le 1er étage, seront garnies de carreaux en grès cérame blanc bordés d'une cornière en fer fournis par le maçon. Les contremarches seront en carreaux céramiques noirs …»
«dans la hauteur du rez-de-chaussée une petite partie de la face et les deux retours contre le mitoyen seront revêtus de stuc façon pierre (mention manuscrite de Le Corbusier à la place de dalles de Comblanchien, biffée) … les revêtements seront interrompus en bas à environ 23 cm plus haut que la cote 0 …» (32).
Ce descriptif comporte également un certain nombre de recommandations adressées aux entrepreneurs pour la mise en œuvre particulière de certains ouvrages. Ainsi cette «note spéciale pour les plinthes» : «considérant que

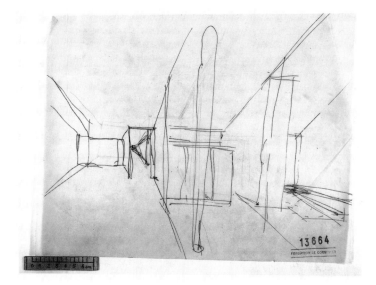

Design sketch
Croquis d'étude

struction of certain works, such as this "special note on the plinths": "given that the electrical mouldings shall theoretically be placed along the walls and inside the plinths rather than at ceiling level (whose internal angles we intend to respect), the plinths shall often be specially fitted out with grooved bases … (housing the wires) these bases shall be supplied and installed by the electrician, but the thin unified covers shall be furnished already moulded and adjusted by the carpenter, who shall refrain from nailing them, as this shall be done by the electrician, who shall also be charged with pencilling in the nail lines" (sic!).

On a more general level, Le Corbusier was in the process of adopting a different architectural discourse for presenting his projects at the very moment that he wrote this particular specification. From this time forward, the arguments he employed were more technical, highlighting the new technologies that were being adopted in the construction industry at the time: soundproofing, thermal insulation, new construction materials, etc. As with the Swiss Pavilion or the Cité de Refuge, Le Corbusier hoped with the apartment block in rue Nungesser et Coli to produce an efficient structure capable of demonstrating his technical skills, as can be seen in the request made to the Frankel Company, an all-around charriot specialist, to fit out the garage located in the basement of the building and very difficult to access, with an "automobile transporter-bridge".

A lengthy construction site

As for the construction schedule, Le Corbusier stipulated that "the kitchens, butler's pantries, toilets, closets, lumber rooms and bathroom areas shall be contsructed straight away and in compliance with the plans. The same shall hold for the utilities, domestics, ceilings and floors, landing doors and windows; however, (he added) the layout of the other rooms may vary to suit their tenants", and thereby respect the wishes of the developer (cf. above).

As a result, all the structural work on the project was carried out in 1932. The schedule was respected, with the exception of the in-

les ceinturages de moulures électriques seront en principe le long des murs dans les plinthes et non aux plafonds dont on entend respecter les angles rentrants , les plinthes seront souvent spéciales avec fonds rainés, ce qui signifie rainurés (note de l'auteur) pour loger les fils. Ces fonds seront fournis et posés par l'électricien mais les couvercles unis, et minces, seront ajustés par le menuisier qui ne devra pas les clouer, laissant à la charge de l'électricien de les clouer et d'y retracer au crayon les lignes pour les clous» (sic!).

D'une façon générale, l'élaboration de ce descriptif correspond à un moment où on peut noter un changement de discours dans la manière dont Le Corbusier présente ses projets d'architecture. Désormais, les arguments qu'il utilise se font plus techniques, mettant en avant l'emploi des nouvelles technologies qui apparaît dans l'industrie du bâtiment : insonorisation, isolation thermique, etc. … Comme au pavillon Suisse ou à la Cité de Refuge, Le Corbusier a l'ambition avec l'immeuble de la rue Nungesser et Coli, de produire un bâtiment performant, démonstratif au niveau de ses capacités techniques, à l'exemple de cette consultation d'entreprise lancée auprès de la Société Frankel, le spécialiste du charriot en tout genre, pour équiper le garage situé en sous-sol de l'immeuble, très mal commode d'accès, d'un «transbordeur pour automobile».

Un chantier en longueur

Concernant le planning de son chantier, Le Corbusier prévoit que : «les groupes cuisines, offices, closets, vestiaires, débarras et les groupes bains, seront construits de suite et conformes aux plans. Ainsi que tous les services, domestiques, les sols et plafonds, portes palières, fenêtres mais (ajoute-t-il) les distributions des autres pièces pourront varier au gré des preneurs» respectant ainsi au niveau du chantier les souhaits de la maîtrise d'ouvrage (cf. supra).
De fait, tout le gros œuvre de ce bâtiment va être réalisé au cours de l'année 1932. Le planning ne va déraper qu'avec les lots concernant les aménagements des différents apparte-

stallation of amenities for those apartments which had no immediate takers. This lack of buyers led to serious cash flow problems for the project developer, the Société Immobilière Paris Parc des Princes. In a letter sent to Le Corbusier, dated May 17, 1933, the developer wrote: "The difficulties we are currently experiencing are temporary, and will be resolved once we have completed construction on one or two apartments (sic! the design studies for this project were launched two years ago) … in addition, the two major contractors have been slow in carrying out their work as a result of their own difficulties, and this has put us in the situation in which we find ourselves at the moment … we hope that, as our interests coincide with yours, you will, as both future shareholder and our architect, help us finish construction" (33).

It was not until 1934 and after numerous vicissitudes that the building was delivered, not fully fitted out at that. As this letter, written by Monsieur Duclos to Le Corbusier on March 3, 1934, attests: "This afternoon I stopped by the house on rue Nungesser et Coli. What I discovered there hardly consoled me: construction on the apartment has advanced very little and on the house not at all …"(34).

A dozen contractors and suppliers were involved in constructing the building on rue Nungesser et Coli. Some of them had already worked with Le Corbusier on other projects. Among those who played a significant role, it is worth singling out the contractor Cornet, who was in charge of the masonry/reinforced concrete/structural work (note that this contractor specialised in the contstruction of thin slabs), the contractor Quillery, who worked on some of the masonry and all the interior partitions (Quillery carried out the structural work on the Cité de Refuge site), the Dubois and Lepeu companies, which supplied metal components, the contractor Strub, responsible for plumbing and sanitation (and who also worked on the Swiss Pavilion), the Saint Gobain company for glazing and other glass products, etc.

The atmosphere on the construction site was tense, and the relationships among the various contractors was not good: materials were broken by some, thefts were observed by others … A series of letters exchanged between the de-

ments qui tardent à trouver preneur, ce qui aura pour effet de causer de graves problèmes de trésorerie à la Société Immobilière Paris Parc des Princes, promoteur de cette opération. Dans une lettre datée du 17/05/1933 et adressée à Le Corbusier, cette société écrit : «Les difficultés que nous éprouvons actuellement sont passagères, et la situation s'améliorera dès que nous réaliserons un ou deux appartements (sic! cela fait plus de deux ans que les études de ce projet ont été engagées) … d'autre part la lenteur avec laquelle les deux plus importants entrepreneurs exécutent leurs travaux, par suite de leur situation embarrassée, nous a mis dans l'état dans lequel nous sommes actuellement … nous espérons que dans nos intérêts communs vous voudrez bien nous aider en qualité de futur actionnaire et en qualité de notre Architecte, à terminer notre construction» (33).

Il faudra attendre l'année 1934 et encore bien des péripéties pour que celle-ci soit livrée et encore pas totalement équipée. Témoin ce courrier de Monsieur Duclos daté du 03/03/1934 adressé à Le Corbusier : «je suis passé cet après-midi à la maison de la rue Nungesser et Coli et ce que j'ai vu n'est guère consolant. L'appartement avance peu et la maison pas du tout … » (34).

Une douzaine d'entrepreneurs et de fournisseurs vont intervenir dans la construction de cet immeuble du 24 N.C.. Certaines de ces entreprises travaillent avec Le Corbusier sur d'autres chantiers. Parmi celles qui jouent un rôle important, il faut citer : l'entreprise Cornet qui a en charge le lot maçonnerie/béton armé/gros œuvre (à noter que cette entreprise est spécialisée dans la construction des dalles minces), l'entreprise Quillery chargée d'une partie du lot maçonnerie et de l'ensemble des cloisonnements intérieurs (c'est cette entreprise qui a réalisé le gros œuvre de la Cité de Refuge), les Etablissements Dubois et Lepeu pour les éléments de construction métallique, l'entreprise Strub pour la plomberie et le sanitaire (et qui intervient également sur le chantier du pavillon Suisse), les Etablissements Saint Gobain pour les glaces et autres produits verriers, etc. …

Sur le chantier l'ambiance est tendue, les relations entre ces différentes entreprises ne sont

veloper, the architects and the contractors bears witness to this tense atmosphere. Le Corbusier had to intervene as peacemaker on numerous occasions. He also had to stand surety with various suppliers so that construction could be completed on his building, as this March 7, 1934 letter to lift supplier Schindler (in Lucerne, Switzerland) demonstrates: "I consider it my duty to apprise you of the real situation. Last autumn, I managed to obtain the necessary credit to complete the building, thanks to an arrangement with La Nation insurance company, with whom I am on good terms. I have also managed to get all the contractors to agree ... today, the situation is healthy, the building is scheduled for completion in two weeks, and it shall be occupied by a large number of tenants ... your prompt attention to the resolution of this matter (which involved rendering the lifts operational) would give me a great deal of personal satisfaction (underlined in the text). As well, I shall certainly remember this when we have the opportunity to work on future projects which may require the use of lifts" (35). What with his numerous journeys at the beginning of the thirties (the Soviet Union, Algeria, Sweden, Norway, etc.), promotional activities in connection with the Ville Radieuse, various other projects underway and his painting Le Corbusier was overwhelmed with work, despite the effective assistance provided by Pierre Jeanneret. Although Le Corbusier managed to finish his building and put it into service in 1934, he did not yet suspect that when the Société Immobilière Paris Parcs des Princes would go bankrupt shortly thereafter, he would be dragged into a legal imbroglio that not only would last some fifteen years, but would also jeopardize the "ownership" of his own apartment.

Le Corbusier the "Squatter"

In spite of his efforts to improve the project's financial state, Le Corbusier was unable to prevent the development company from going bankrupt. "As with the vast majority of property business deals which went through during this period, the banks intervened as they were wont to do, and strangled both the Company

pas bonnes : matériel cassé par les uns, vols constatés par les autres ... Une série de courriers échangés entre le Maître d'ouvrage, les architectes et les entrepreneurs témoigne de cette situation. Le Corbusier est obligé d'intervenir à de multiples reprises pour régler ces nombreux conflits. C'est lui également qui se porte caution auprès des différents fournisseurs pour que son immeuble puisse être achevé et livré comme le montre ce courrier adressé à l'ascensoriste Schindler à Lucerne en Suisse le 07/03/1934 : «Je juge indispensable de vous faire connaître la situation véritable : j'ai pu en automne dernier, par une entente avec la Compagnie d'assurances La Nation, qui avait confiance en moi, obtenir le crédit suffisant pour terminer l'immeuble et j'ai réussi à mettre la totalité des entrepreneurs d'accord ... aujourd'hui la situation est saine, l'immeuble va être terminé dans quinze jours et il sera occupé par un grand nombre de locataires ... la promptitude que vous pouvez apporter à la solution de cette affaire (il s'agit de la mise en route des ascenseurs) me ferait un plaisir personnel (souligné dans le texte) et je saurai m'en souvenir dans les prochaines affaires que nous aurons à traiter et qui comporteront l'emploi d'ascenseurs» (35).

Pris par ses nombreux voyages, en ce début des années trente (Union Soviétique, Algérie, Suède, Norvège ...), la promotion de son ouvrage sur la Ville radieuse, ses différents chantiers, son activité de peintre ... Le Corbusier est débordé de travail et ce malgré la collaboration efficace de Pierre Jeanneret. Parvenu, à la fin de cette année 1934, à mettre son immeuble en service, il ne se doute pas que la mise en faillite de la Société Immobilière Paris Parc des Princes, qui va intervenir peu après, va l'entraîner dans un imbroglio juridique qui durera une quinzaine d'années et dans lequel c'est «la propriété» de son propre appartement qui sera menacée.

Le Corbusier squatter

En dépit de ses différentes interventions pour assainir la situation financière de ce projet, Le Corbusier ne peut éviter le naufrage de la société de promotion. «Comme la plus grande part des affaires immobilières qui ont été trai-

and the contractors," he wrote in 1939, to someone who was put in charge of finding a new buyer (36). From Le Corbusier's point of view, the problem was as follows: to find an owner for his building other than La Nation, which had managed to obtain the building as collatoral, and above all to protect his own property, as this insurance company refused to recognise any claim he might have on it, and intended to expel him! The decision handed down by the court at the end of 1939 leaves no doubt on this point, informing Le Corbusier: "you are merely a shareholder in a company which no longer exists … you were imprudent, you constructed on a plot (the seventh floor) which does not belong to you or which no longer belongs to you" (37). Le Corbusier contested the decision, and made an appeal to the French Cour de Cassation with the help of his legal counsel (38). Interrupted by the outbreak of war, the lawsuit dragged on until 1949, when the building's flats were sold separately and Le Corbusier's co-ownership claim was upheld.

The Bible itself speaks of the rust which kills everything

During these trying years, Le Corbusier had another preoccupation, which was to ensure that his constantly deteriorating building was kept in proper working order. He made numerous requests to those people he thought were responsible for its maintenance. Among them was Monsieur Daguin (which Le Corbusier spelled "Dassin"!), head of La Nation's property division: "Once again I must inform you that the glass panes on the windows are breaking on a daily basis; one day or another, someone will have to live up to his responsibilities in this unthinkable state of anarchy" (39). The following year, he wrote to Monsieur Contesso in Avignon: "You will find enclosed a sample of no value, a building document which will certainly interest you. It is from the building at 24, rue Nungesser et Coli. It is a piece of the rust which has wreaked havoc on the glazing of this building this year, the fifteenth successive year in which no maintenance has been carried out. You may not be aware of what rust means for

tées à cette époque, les banques sont intervenues à leur manière et ont tordu le cou à la Société et aux entrepreneurs» écrit-il en 1939 à une personne chargée de trouver un repreneur (36). Pour Le Corbusier, le problème est le suivant : donner un autre propriétaire à son bâtiment que la Société «La Nation» qui en a obtenu l'antichrèse et surtout sauvegarder son propre bien dans la mesure où cette société, qui ne lui reconnaît aucun droit de propriété sur son appartement, entend purement et simplement l'en expulser ! Le jugement qui intervient à la fin de l'année 1939 est très explicite sur ce point. Il indique à Le Corbusier : «vous ne possédez que des actions d'une société qui n'existe plus … vous avez été imprudent, vous avez bâti sur un terrain (le 7ème plancher) qui ne vous appartient pas ou qui ne vous appartient plus» (37). Contestant cette décision, Le Corbusier, aidé de ses avocats (38), va se pourvoir en Cour de Cassation. Interrompue par la guerre, la procédure traînera jusqu'en 1949 date à laquelle l'immeuble sera vendu par appartements et Le Corbusier confirmé dans ses droits de copropriétaire.

La Bible elle-même parle de la rouille qui tue tout

Au cours de ces années difficiles, Le Corbusier a également une autre préoccupation : celle de maintenir en état son immeuble, qui ne cesse de se dégrader. Il multiplie donc les démarches auprès des différentes personnes qu'il pense être responsables de son entretien. Parmi celles-ci, Monsieur Daguin (que Le Corbusier orthographie Dassin !), responsable du service immobilier de la compagnie «La Nation». «Une fois de plus je vous avertis également que les glaces éclatent à toutes les fenêtres jour après jour ; un jour ou l'autre il faudra bien que quelqu'un prenne ses responsabilités dans cette anarchie absolument inimaginable» (39). L'année d'après c'est à Monsieur Contesso à Avignon qu'il écrit : «Je vous envoie ci-joint, un échantillon sans valeur, un document de bâtiment qui vous intéressera. Il provient de l'immeuble 24 rue Nungesser et Coli. C'est un morceau de la rouille qui s'est attaquée d'une manière catastrophique au vitrage de cet immeuble cette année, qui est la

iron glazing … it constitutes an invincible presence which nothing can resist. Even the Bible speaks of the rust which kills everything" (40). Pressing his addressee on the issue, Le Corbusier returned to the subject the following year, armed with another argument: "In a letter dated May 6, 1949, the New York Times Photos asked me for permission to print photographs of the apartment block at 24, rue Nungesser et Coli … I refused to grant permission to print photographs of a building in such an advanced state of deterioration". To which Le Corbusier added: "Foreigners come to visit this house every day. Before the war, the American Express bus deposited a full load of visitors every day, who came to look at the façade of this world-renowned building" (41). Le Corbusier's persistent appeals ultimately paid off, especially once the building's sale into unit-owned lots transformed its legal status and made it possible to receive the funding necessary to undertake renovation. At the end of 1949, Le Corbusier wrote to Pierre Jeanneret: "The clowns who have been taking care of repair work up to now have been wiped off the map, as the inhabitants of Number 24 were absolutely adamant I personally see to this matter … I believe the time has come to extend your good services to the whole building" (42).

After having been separated at the beginning of the Occupation, it would appear that the renovation work on the rue Nungesser et Coli building sealed the reunion of the two cousins. Especially since Le Corbusier, whose time was taken up by the Unité d'habitation project in Marseille, had little time to devote to the issue. It wasn't until early in 1950 that Pierre Jeanneret finally began work to renovate the building: "Dear Le Corbusier, the work will begin as scheduled on Monday, the 26 … a verification meeting will take place on Thursday, the 29 at 2.30, with the four contractors and ourselves. Naturally, we are counting on your presence. Your faithful servant, Pierre Jeanneret" (43). Despite the renovation work undertaken, the rust would continue to disturb this building's life, as it would do at the Cité de Refuge as well. Eight years later in 1958, Pierre Jeanneret sent Le Corbusier a dispirited letter accompanied by a sketch: "My dear Corbu, for the Armée du Salut, I must conclude

quinzième année sans entretien. Vous ignorez peut être ce que signifie la rouille dans des vitrages de fer … c'est une présence invincible, rien n'y résiste. La Bible elle-même parle de la rouille qui tue tout» (40). Pressant son interlocuteur sur cette question, Le Corbusier revient à la charge l'année suivante avec un autre argument : «Par lettre du 6 Mai 1949 le ‹New York Times Photos› me demandait l'autorisation de diffuser pour rédaction dans la presse, les photographies de l'immeuble 24 rue Nungesser et Coli … j'ai refusé d'autoriser la diffusion de ces photographies concernant un immeuble dans un pareil état de dégradation». Et Le Corbusier ajoute : «tous les jours des visiteurs étrangers viennent voir cette maison. Avant la guerre l'autocar de l'American Express déversait chaque jour son lot de visiteurs pour regarder la façade de cet immeuble qui est connu du monde entier» (41).
A force d'être répétés, les appels de Le Corbusier vont être finalement entendus d'autant plus que la nouvelle situation juridique de l'immeuble vendu en copropriété va permettre la mise en place d'un financement nouveau pour les travaux de restauration. Fin 1949, Le Corbusier écrit à Pierre Jeanneret : «les guignols qui s'étaient occupés des réparations jusqu'à présent sont nettoyés du circuit, les habitants du 24 ayant réclamé absolument que ce soit moi qui suive cette affaire … je crois que le moment serait venu d'étendre tes bons services à l'ensemble de l'immeuble» (42).

Suite à leur séparation intervenue au début de l'Occupation, il semble que les travaux de rénovation de l'immeuble de la rue Nungesser et Coli scelle les retrouvailles entre les deux cousins. D'autant plus que Le Corbusier, pris par le chantier de l'Unité d'habitation de Marseille, a peu de temps à consacrer à cette question. Ce n'est qu'au début de l'année 1950 que Pierre Jeanneret commence les travaux : «Cher Le Corbusier, comme prévu le chantier démarre lundi 26 … une réunion de contrôle aura lieu jeudi 29 à 14 h. 30 entre les quatre entreprises et nous. Bien sûr nous comptons sur votre présence. Votre dévoué Pierre Jeanneret» (43). Malgré ces travaux de restauration, le problème de la rouille continuera de perturber la vie de cet immeuble, de même que celle de la Cité de Refuge. Et c'est sur un constat de dé-

once again that if iron is not perfectly protected it is not suitable for permanent constructions which demand excessive maintenance". And regarding the rue Nungesser et Coli building: "as for your balcony … we have to check and see if there isn't a crack in the tiling parallel to the façade where the cantilever begins…" (44). Alarmed by the various defects observed in the structural works of his apartment, Le Corbusier called on his friend Bertocchi, "the little Sardinian mason", to whom he had already entrusted the finishings of the "Unité d'habitation" in Marseille.

Le Corbusier, co-owner

How was Le Corbusier, who was not only architect/inhabitant, but also a co-owner in this building, viewed by his own neighbours? Monsieur Canetti, who was one of the building's first inhabitants as well as chairman of the joint-ownership association, described Le Corbusier in an interview as "a courteous man" in his relationships with the neighbours, "friendly with the children who live in the building, he even helped them to create a newsletter". On the other hand, Le Corbusier did not "see his neighbours socially", and his presence was limited to appearances at meetings for the building's unit owners, during which he gave the impression of being "a brusque and angry man, carried away by his own ideas and impossible to criticise" (45). Of his relationships with his fellow co-owners, building archives contain several letters which attest to the bitterness with which Le Corbusier defended his work. Unwilling to revise his positions, but also faithful to his ideas, as can be seen in these two letters, sent at a thirty-year interval, to two of his neighbours.

On 23 April, 1934, Le Corbusier wrote to Madame Duclos: "I am quite sorry to be obliged to communicate an observation pertaining to the window boxes which you have had installed on the balcony of your apartment. This is an openwork balcony, and its composition forms an integral part of the facade. Unfortunately, the window boxes which are presently hung there interfere with the architectural image. As a result, we must request that you be so

sillusion que Pierre Jeanneret envoie à Le Corbusier, huit ans plus tard en 1958, un courrier accompagné d'un croquis : «Mon cher Corbu, pour l'Armée du Salut je conclus une fois de plus que si le fer n'est pas parfaitement protégé, il n'est pas valable pour des constructions permanentes, demandant un trop grand entretien». Et à propos de l'immeuble rue Nungesser et Coli : «concernant ton balcon … il faudrait vérifier s'il y a une fissure dans le carrelage parallèle à la façade à la naissance du cantilever …» (44). Alerté par différents désordres constatés dans le gros œuvre de son appartement, Le Corbusier va faire également appel pour les travaux à son ami, «le petit maçon sarde» Bertocchi, auquel il a déjà confié les finitions de l'Unité d'habitation de Marseille.

Le Corbusier copropriétaire

Architecte/habitant mais en même temps copropriétaire de cet immeuble, comment était perçu, Le Corbusier par ses propres voisins ? Interviewé, Monsieur Canetti qui fut un des premiers habitants mais également Président de la copropriété, décrit Le Corbusier comme «un homme courtois» au niveau de ses relations de voisinage, «aimable avec les enfants de l'immeuble qu'il aide même à créer un journal». Toutefois Le Corbusier ne «fréquente pas ses voisins», limitant sa présence aux assemblées de copropriétaires au cours desquelles il apparaît comme «un homme brusque, coléreux, épris de ses idées et impossible à critiquer» (45). De ses relations avec les autres copropriétaires, les archives de cet immeuble conservent quelques courriers qui témoignent de l'âpreté avec laquelle Le Corbusier défend son œuvre. Fermeté dans ses positions mais également constance, comme le montrent ces deux courriers, expédiés à trente années de distance, à deux de ses voisins.

Le 23 avril 1934, Le Corbusier écrit à Madame Duclos : «Je suis désolé de devoir vous transmettre une observation relative aux jardinières que vous avez fait installer sur le balcon de votre appartement. Ce balcon est ajouré et sa composition fait partie impérative de la façade. Malheureusement les jardinières qui y sont accrochées pour l'instant, contrarient la

kind as to arrange these window boxes against the facade at the base of your windows, rather than hanging them from the balcony itself" (46). On 3 June, 1964, in reply to a request on the part of Monsieur Canetti, who also sought permission to install window boxes on his balcony, Le Corbusier responded as follows: "I absolutely prohibit the installation of window boxes on the façade, on your floor as well as on all the others. Flowers on the facade of the Swiss chalets of Oberland are fine. But we are in Paris, where this type of decoration is thoroughly inappropriate".

"N.B. Please do not think that I am merely being ill humoured; it is rather the expression of my sense of responsibility, a sentiment which is very strong and unshakeable" (47).

bonne tenue plastique. Par conséquent nous sommes obligés de vous demander de bien vouloir disposer ces jardinières non pas contre le balcon lui même, mais au pied de votre vitrage, contre la façade» (46). Le 3 juin 1964 en réponse à Monsieur Canetti qui lui demandait l'autorisation de placer également des jardinières sur son balcon, Le Corbusier répond : «J'interdis absolument de placer des jardinières en façade sur votre étage comme sur tous les autres. Les fleurs sur les façades sont bonnes pour les chalets suisses de l'Oberland. Ici nous sommes à Paris et cette forme de décoration est absolument intempestive».

«N.B. Ne croyez pas qu'il y ait ici, la moindre mauvaise humeur ; c'est le sens de la responsabilité qui s'exprime, sentiment très ferme et inébranlable» (47).

Assessment

As is often the case in Le Corbusier's work, the building at Number 24, rue Nungesser et Coli makes a formal statement.

Firstly, an economic statement, to the extent that this building contains in embryonic form the economic project that Le Corbusier hoped to implement in France during the period between the two world wars, in order to rescue the country from crisis. This entailed developing the construction industry, especially the housing sector, by means of allying other sectors such as the steel industry. For Le Corbusier, the project was straightforward: construct more, better and at a lower price. This can be done if we manage to shake the traditional expertise of construction companies, and if the "army of technicians, skilled and unskilled workers" become actively involved in this huge task. To spur consumer spending through that which hits the individual where he lives: his housing. This is the new objective of architecture.

Secondly, an urban statement, as this project was, for Le Corbusier, not only the construction of a multiple-dwelling property but more precisely the architectural implementation of a fragment of his theories on the Ville Radieuse. Coming as it did between the theoretical project of the villa apartment blocks drawn up in 1922 and the Unités d'habitation project constructed following the Second World War, the rue Nungesser et Coli building stands as a major landmark. It is an alternative architecture, a midway point between the traditional multiple-residence building and the single-family dwelling.

Thirdly, a sociological statement, in which the spatial layout of the house was altered, thereby making it possible to concieve new functions as well as resolving a series of technical questions, such as shared utilities or the housing of domestic staff, which had been left unanswered since the 19th century.

Finally, an aesthetic statement which, using the codes set forth by Le Corbusier and shared by most of the architects who made up the Modern Movement, such as the "Five points

Appréciation

Comme souvent dans l'œuvre de Le Corbusier, l'immeuble du numéro 24 de la rue Nungesser et Coli a valeur de manifeste.

Manifeste économique d'abord dans la mesure où ce bâtiment contient en filigrane le programme économique que Le Corbusier souhaite voir se mettre en place dans la France de l'entre-deux-guerres, pour sortir le pays de la crise. A savoir développer l'industrie du bâtiment dans le secteur du logement et ce grâce à l'apport d'autres industries comme la métallurgie. Pour Le Corbusier, ce programme est simple : il faut construire plus, mieux et à moindre prix. On y parviendra si l'on bouleverse les savoir faire traditionnels des corporations du bâtiment et si des «armées de techniciens, d'ouvriers et de manœuvres» se mobilisent autour de cette immense tâche. Relancer la consommation à partir de ce qui concerne l'individu au plus près, le logement, voilà qui assigne un nouvel objectif à l'architecture.

Manifeste urbanistique ensuite où pour Le Corbusier la construction de ce projet ne se limite pas à celle d'un immeuble de rapport mais correspond plutôt à l'expérimentation, à travers un fragment d'architecture, de ses théories sur la Ville radieuse. Entre le projet théorique des Immeubles-villas de 1922 et le programme des Unités d'habitation réalisés après la seconde guerre mondiale, l'immeuble de la rue Nungesser et Coli représente un jalon important. Une architecture alternative entre l'immeuble traditionnel de logements collectifs et la résidence individuelle.

Manifeste sociologique également à partir de la mise en place de nouveaux dispositifs dans l'espace de la maison, qui doivent permettre le développement de nouveaux usages et qui proposent de régler une série de questions techniques, comme les services communs ou le logement des domestiques, restés en suspens depuis le XIXème siècle.

Manifeste esthétique enfin où à partir des codes élaborés par Le Corbusier et partagés par la majorité des architectes du Mouvement Moderne, comme les «Cinq points de l'architec-

of architecture" and the use of new technologies and materials, attempted to create a new aesthetic representation of the new art de vivre which characterised the first half of the 20th century.

Today this edifice stands as the living manifesto of all this (and surely much more). Its experimental aspect still evokes modern-day issues, and provides proof, should such be wanting, that architecture needs content to endure, and that this content is valued as much for the answers it provides as for the quality of the questions it asks.

ture», l'emploi des nouvelles technologies et de nouveaux matériaux, l'enjeu est de créer une nouvelle esthétique représentative d'un nouvel art de vivre caractéristique de cette première moitié du XXième siècle.

C'est de tout cela (et sûrement de beaucoup d'autres choses) que témoigne aujourd'hui cet édifice dont le caractère expérimental, toujours d'actualité, montre que l'architecture a besoin de contenu pour durer et que ce contenu vaut autant par les réponses qu'il fournit que par la qualité des questions qu'il pose.

Notes

Notes

Foreword

(1) "Œuvre Complète" Volume 2, 1929/1934, p.15.

An Orientation Guide

(1) Letter from Le Corbusier to Edmond Wanner, Arch.FLC - H2-2 (513).

(2) O.C. Vol. 2 1929/1934, p.144.

(3) Various photographs of the entrance hall show the presence of a panel made up of a patchwork of components in fibro ciment. This panel was designed to conceal the storing of children's prams. It was removed during the 1950s.

(4) Garages which are little used today, if at all, due to the fact that they are difficult to access.

"My Apartment"

(1) Quoted by Jean Petit in "Le Corbusier lui même", Editions Rousseau, Genève (1970).

(2) From 1918 to 1934, Le Corbusier painted in the apartment situated at No 20, rue Jacob.

(3) "L'Unité d'habitation de Marseille", Jacques Sbriglio, Editions Parenthèses (1992).

(4) Cf. "Le design du meuble au XXème siècle", p.110, Sembach/Leuthäuser/Gössel, Editions Taschen (1989).

(5) Letter by Le Corbusier to Mr. Breuillot in Algiers, dated 10 January 1939: "Please do me a great favour. I am arranging the interior of my apartment to give it a more 'feminine' touch (or so my wife says)…" Arch. FLC.

(6) Letter dated 6 March 1936 to the Compagnie Continentale Simmons in Paris, Arch.FLC.

Avant-propos

(1) : Œuvre complète Tome 2, 1929/1934, p.11.

Parcours de Visite

(1) : Courrier de L.C. à Edmond Wanner. Arch. FLC - H2-2 (513).

(2) : O.C. T. 2 1929/1934, p.144.

(3) : Différentes photographies du hall d'entrée indiquent la présence d'un panneau composé d'un patchwork fait d'éléments en fibrociment. Ce panneau était destiné à dissimuler le remisage des voitures pour enfants. Il sera supprimé au cours des années 50.

(4) : Garages qui ne sont pas ou peu utilisés aujourd'hui à cause de leur accès difficile.

«Mon Appartement»

(1) : Cité par Jean Petit dans «Le Corbusier lui-même», Editions Rousseau, Genève (1970).

(2) : De 1918 à 1934, Le Corbusier peint dans l'appartement situé 20 rue Jacob.

(3) : «L'Unité d'habitation de Marseille», Jacques Sbriglio, Editions Parenthèses (1992).

(4) : Cf. Le design du meuble au XXème siècle, p.110, Sembach/Leuthäuser/Gössel, Editions Taschen (1989).

(5) : Lettre de L.C. à Mr. Breuillot à Alger le 10.01.1939 : «Rendez-moi un grand service. Je suis en train de faire des arrangements dans mon appartement, de façon à le rendre plus ‹féminin› (c'est ma femme qui parle ainsi)… » Arch. FLC.

(6) : Lettre du 06/03/1936 à la Compagnie Continentale Simmons à Paris, Arch. FLC.

(7) Letter dated 5 January 1938 by Le Corbusier to Mr. Augustin Fèvre, Arch. FLC.

(8) Letter to Mr. Breuillot op. cit.

(9) Letter dated 11 March 1939 by Le Corbusier to Mr. Rapaport, Arch.FLC.

(10) O.C. Vol. 3 1934/1938, p.157.

(11) Le Corbusier also used the concept of the arch in another project, dating from 1935, namely that of the small weekend cottage in the suburbs of Paris. In volume 3 of his O.C. (1934/1938), Le Corbusier had the 1929 design entitled "My House", placed next to this small weekend cottage.

(12) O.C. Vol. 4 1938/1946, p.140.

(13) "Le Modulor 1" Editions de l'Architecture d'Aujourd'hui, 1950.

(14) ibid.

(15) On 30 May 1950, Le Corbusier wrote to Augustin Mione, head of the CMF (Construction Moderne Française) , a company responsible for building the shell of the "Unité d'habitation" in Marseilles. He envisaged having a concrete awning constructed above the west terrace. This project was never realised. Arch. FLC.

The Project's History

(1) At the time when design studies were being drawn up for 24 N. and C., Le Corbusier had already published his three most important books: "Vers une Architecture" (1923), "Urbanisme" and l'Art Décoratif d'Aujourd'hui" (1925).

(2) Introduction to Volume 2 of "Œuvre Complète" (1929/1934), 16,18.

(3) Letter by Messrs. Kouznetzoff and Noble to Le Corbusier, 28 June 1931, Arch.FLC.

(4) ibid.

(7) : Lettre du 05/01/1938 de L.C. à Mr. Augustin Fèvre, Arch. FLC.

(8) : Lettre à Mr. Breuillot op. cit.

(9) : Lettre du 11/03/1939 de L.C. à Mr. Rapaport, Arch. FLC.

(10) : O.C. T. 3 1934/1938, p. 157.

(11) : Il y a un autre projet daté de 1935 dans lequel Le Corbusier utilise la voûte. C'est celui de la petite maison de week-end en banlieue de Paris. D'ailleurs dans le tome 3 de l'O.C. (1934/1938), Le Corbusier fait figurer le dessin intitulé «Ma Maison» daté de 1929, à côté de la présentation de cette petite maison de week-end.

(12) : O.C.T.4 1938/1946, p.140.

(13) : Le Modulor 1 - Editions de l'Architecture d'Aujourd'hui, 1950.

(14) : ibid.

(15) : Le 30/05/1950, Le Corbusier écrit à Augustin Mione patron de la CMF (Construction Moderne Française), entreprise chargée de la réalisation du gros œuvre pour le chantier de l'Unité d'habitation de Marseille. Il envisage de faire construire, au-dessus de sa terrasse ouest, un brise-soleil en béton. Ce projet ne sera pas réalisé. Arch. FLC.

Histoire d'un Projet

(1) : Au moment du démarrage des études du 24 N.C., Le Corbusier a déjà publié ses trois livres les plus importants : Vers une Architecture (1923), Urbanisme et l'Art Décoratif d'Aujourd'hui (1925).

(2) : Introduction au Tome 2 de l'O.C. (1929/1934), p.12,14.

(3) : Lettre de M. Kouznetzoff et Noble à L.C. le 28/06/1931, Arch. FLC.

(4) : ibid.

(5) Letter from Philippe Lamour to Le Corbusier, 2 July 1931, Arch.FLC.

(6) Dr. Pierre Winter, a friend of Le Corbusier, participated from 1920 onwards in the Esprit Nouveau epic and later formed part of the editorial circle for the reviews "Plans" and "Prélude".

(7) It was perhaps Le Corbusier's own brother, Albert, who was a musician, who put Le Corbusier in contact with Jean Wiener.

(8) Like Dr. Winter, François de Pierrefeu also formed part of the editorial circle for the reviews "Plans" and "Prélude". In 1941 he was the co-author along with Le Corbusier of the work "La maison des hommes".

(9) Former Director of the Tour de France.

(10) Letter from Le Corbusier to James Joyce, 10 July 1934, Arch. FLC.

(11) This relates to the Société Immobilière Paris Parc des Princes, property developer for this project.

(12) Copy of the lease dated 18 July 1932 drawn up between the Société Immobilière Paris Parc des Princes and Madame Jeanneret, known as Le Corbusier, Arch. FLC.

(13) ibid.

(14) Cf.O.C., volume 2 (1929/1934), p.144.

(15) ibid.

(16) Cf. "La question du logement dans l'évolution de l'urbanisme parisien" (1600/1902), François Laisney, Ecole d'architecture de Paris Belleville (1986).

(17) ibid.

(18) O.C., volume 2 (1929/1934), p. 148.

(19) O.C., volume 3 (1934/1938), p. 131.

(20) Cf. "La question du logement dans l'évolution de l'urbanisme parisien", op. cit.

(5) : Lettre de Philippe Lamour à L.C. le 02/07/1931, Arch. FLC.

(6) : Le docteur Pierre Winter, ami de Le Corbusier, a participé dès 1920 à l'épopée de l'Esprit Nouveau comme plus tard aux comités de rédaction des revues Plans et Prélude.

(7) : C'est peut-être le propre frère de Le Corbusier, Albert qui est musicien, qui met Le Corbusier en contact avec Jean Wiener.

(8) : Comme le docteur Winter, François de Pierrefeu participe aux comités de rédaction des revues Plans et Prélude. En 1941 il écrit avec Le Corbusier l'ouvrage «La maison des hommes».

(9) : Ancien directeur du Tour de France.

(10) : Lettre de L.C. à James Joyce le 10/07/1934, Arch. FLC.

(11) : Il s'agit de la Société Immobilière Paris Parc des Princes promoteur de ce projet.

(12) : Exemplaire du bail du 18/07/1932 entre la Société Immobilière Paris Parc des Princes et Madame Jeanneret dite Le Corbusier. Arch. FLC.

(13) : ibid.

(14) : Cf.O.C. Tome 2 (1929/1934), p. 144.

(15) : ibid.

(16) : Cf. La question du logement dans l'évolution de l'urbanisme parisien (1600/1902), François Laisney, Ecole d'Architecture de Paris Belleville (1986).

(17) : ibid.

(18) : O.C. Tome 2 (1929/1934), p.148.

(19) : O.C. Tome 3 (1934/1938), p. 131.

(20) : Cf. La question du logement dans l'évolution de l'urbanisme parisien, op. cit.

(21) : Maison Planeix (1927) 24 bis Bd. Masséna Paris XIIIe.

(21) Maison Planeix (1927), 24 bis, Blvd. Masséna Paris XIIIth.

(22) Cf. "La question du logement dans l'évolution de l'urbanisme parisien", op. cit.

(23) O.C., volume 2 (1929/1934), p. 144.

(24) Cf. the advertising brochure of the Société Immobilière Paris Parc des Princes, Arch. FLC.

(25) O.C., volume 2 (1929/1934), p. 146.

(26) O.C., volume 1 (1910/1929), p. 23.

(27) O.C., volume 2 (1929/1934), p. 146.

(28) Cf. The project specifications, Arch. FLC.

(29) ibid.

(30) ibid.

(31) Letter from L.C. to Pierre Jeanneret, dated 3 October 1949, Arch. FLC.

(32) In specifications, op. cit.

(33) Letter from the Société Immobilière Paris Parc des Princes to L.C., dated 17 May 1933, Arch. FLC.

(34) Letter from Monsieur Duclos to L.C., dated 3 March 1934, Arch. FLC.

(35) Letter from L.C. to the Schindler Company, dated 7 March 1934, Arch. FLC.

(36) Letter from L.C. to Mr Schneeberger, dated 29 January 1939, Arch. FLC.

(37) Hand-written letter from L.C. Vichy 1941, op. cit.

(38) Among his legal counsellors, Le Corbusier counted Maître Coutard and Maître Philippe Lamour, with whom he worked on the review entitled Plans.

(39) Letter from L.C. to Monsieur Dassin, dated 23 December 1947, Arch. FLC.

(22) : Cf. La question du logement dans l'evolution de l'urbanisme parisien, op. cit.
(23) : O.C. Tome 2 (1929/1934), p. 144.

(24) : Cf. dépliant publicitaire de la Société Immobilière Paris Parc des Princes, Arch. FLC.

(25) : O.C. Tome 2 (1929/1934), p. 146.

(26) : O.C. Tome 1 (1910/1929), p. 23.

(27) : O.C. Tome 2 (1929/1934), p. 146.

(28) : Le descriptif du projet, Arch. FLC.

(29) : ibid.

(30) : ibid.

(31) : Lettre de L.C. à Pierre Jeanneret le 03/10/1949, Arch. FLC.

(32) : Devis descriptif, op. cit.

(33) : Lettre de la Société Immobilière Paris Parc des Princes à L.C. le 17/05/1933, Arch. FLC.

(34) : Lettre de M. Duclos à L.C. le 03/03/1934, Arch. FLC.

(35) : Lettre de L.C. aux Etablissements Schindler le 07/03/1934, Arch. FLC.

(36) : Lettre de L.C. à M. Schneeberger le 29/01/1939, Arch. FLC.

(37) : Lettre manuscrite de L.C. Vichy 1941, op. cit.

(38) : Parmi ses avocats, Le Corbusier compte Maître Coutard et Maître Philippe Lamour avec lequel il a collaboré à la revue Plans.

(39) : Lettre de L.C. à M. Dassin le 23/12/1947, Arch. FLC.

(40) : Lettre de L.C. à M. Contesso le 29/07/1948, Arch. FLC.

(41) : Lettre de L.C. à M. Contesso le 16/05/1949, Arch. FLC.

(40) Letter from L.C. to Monsieur Contesso, dated 29 July 1948, Arch. FLC.

(41) Letter from L.C. to Monsieur Contesso, dated 16 May 1949, Arch. FLC.

(42) Letter from L.C. to Pierre Jeanneret, dated 3 October 1949, Arch. FLC.

(43) Letter from Pierre Jeanneret to L.C., dated 24 January 1950, Arch. FLC.

(44) Letter from P.J. to L.C., dated 21 July 1958, Arch. FLC.

(45) Interview with Monsieur Canetti, January 1990.

(46) Letter from L.C. to Madame Duclos, dated 23 April 1934, Arch. FLC.

(47) Letter from L.C. to Monsieur Canetti, dated 3 June 1964.

(42) : Lettre de L.C. à Pierre Jeanneret le 03/10/1949, Arch. FLC.

(43) : Lettre de Pierre Jeanneret à L.C. le 24/01/1950, Arch. FLC.

(44) : Lettre de P.J. à L.C. le 21/07/1958, Arch. FLC.

(45) : Interview de l'auteur auprès de M. Canetti Janvier 1990.

(46) : Lettre de L.C. à Madame Duclos le 23/04/1934, Arch. FLC.

(47) : Lettre de L.C. à Monsieur Canetti le 03/06/1964.

Annexes

Annexes

Letter from Le Corbusier –
Vichy 14 April 1941
24, rue Nungesser et Coli

1 – In 1931, my interest was drawn to a construction project envisaged by a White Russian named Kouznetzoff, on the site of 24 rue Nungesser et Coli, Auteuil. I accepted the assignment of architect for this project, even though completely inundated with work, since the land on which it was situated fulfilled the conditions of the "Ville Radieuse".

The aim of this project was to design an apartment block for subsequent sale. I decided that I myself would buy the seventh level on condition that I could incorporate my apartment into the construction zone of this section, namely the seventh and eighth floors. The price of the surface area was 110,000 French francs, of which I in fact was only obliged to pay 80,000 francs.

2 – I was forced by my clients to work with their contractors, men of questionable integrity. One of them (the locksmith/carpenter) was on the verge of bankruptcy, and the mason was veering down the same path.

3 – A quote of 1,800,000 French francs for the building and 500,000 for the land. The construction department of the company "Société d'Assurance la Nation" ("Nation Bâtiments"), agreed to lend up to 1,400,000 francs.

4 – The contractors were always short of funds. At one time, mistrustful of the owner ("Société Immobilière du Parc des Princes"), they stopped work due to non-payment. Work was not resumed until nearly six months later.

5 – At this time, thanks to my powers of persuasion, I managed to obtain on behalf of "La Nation", the written acceptance of between 13 and 17 contractors to complete the work in accordance with a detailed description, representing a new credit limit of 300,000 francs. But "La Nation". .... and obtained the collateral.

Lettre de Le Corbusier –
Vichy 14 Avril 1941
24, rue Nungesser et Coli

1 – En 1931, je m'intéresse à un projet de construction envisagé par un Russe Blanc, Kouznetzoff, 24 rue Nungesser et Coli à Auteuil, et j'accepte d'en être l'architecte. Car ce terrain était placé dans les conditions de «ville radieuse».

A cette époque, je suis débordé de travail. L'immeuble doit être conçu pour vente d'appartements.
Je décide d'acheter le plancher du 7ème étage avec autorisation de construire mon appartement dans le gabarit : 7 et 8èmes étages. Prix du plancher 110 000 dont je paye 80 000 francs.

2 – Les clients m'imposent leurs entrepreneurs, gens discutables. L'un deux (le serrurier-menuisier) est près de la faillite, le maçon presque autant.

3 – Devis 1 800 000 pour le bâtiment, 500 000 pour le terrain. La Société d'Assurance la Nation (Service des Bâtiments) prête l'argent jusqu'à 1 400 000 francs.

4 – Les entrepreneurs sont toujours à court de trésorerie. A un moment donné, se méfiant du propriétaire (la Société Immobilière du Parc des Princes) ils cessent les travaux, fautes d'accomptes. Arrêt de près de 6 mois.

5 – A ce moment j'arrive par persuasion à obtenir pour la Nation, l'engagement écrit de 13 ou 17 entrepreneurs, d'achever les travaux, selon une description précise, moyennant un crédit nouveau de 300 000 francs. Mais la Nation … et obtient l'antichrèse.

6 – L'immeuble est achevé ; entre temps il y a encore des défaillances d'entrepreneurs. J'organise une équipe de «sauveteurs» faite de mes entrepreneurs habituels qui consentent à me rendre service en faisant confiance à la Nation (le crédit de 300 000 francs).

6 – The building was completed; meanwhile however, the contractors were still defaulting on their agreements. I thus assembled a team of "lifesavers", comprising my own contractors with whom I was used to working, who agreed to help me out and to place their trust in "La Nation" (the 300,000 franc credit limit).

7 – The apartment block began to be "inhabited". Suddenly, in the full throes of recession, and despite an overabundance of new property rented out at high prices (…), around fifty would-be tenants signed up with the property manager in the hope of being able to rent an apartment.

8 – I had mainly worked with other contractors (the best ones) on my own apartment, the cost of which totalled around 260,000 francs. I paid most of these contractors up front, and the rest accorded me credit facilities.

9 – Everything finished, the head of "Nation Bâtiments" was fired, having been found guilty of embezzlement. It was he who had dealt with all aspects of the project. Another person replaced him.

Kouznetzoff was unable to pay the interest on the loan delivered by "La Nation" (I even had to pay out of my own pocket in order to "be done with" the problem of the water supply point, water rates and other various outgoings necessary for the general running of the apartment block).
He was issued a warning by "La Nation", which also put "Société Immobilière du Parc des Princes" into receivership.

10 – It proved impossible to sell the apartments, due to business conditions in the construction industry. Full payment had only been received for the bachelor's apartment situated on the ground floor. I had personally paid for my own surface area, and had even undertaken construction at my own expense.

11 – "La Nation" was intent on getting rid of us (the bachelor's apartment and my own property). Court proceedings hence started. However, in spite of this, I was once again able

7 – L'immeuble est habité. D'un coup en pleine crise (pléthore de logements neufs), loués à prix forts (…) une cinquantaine de locataires prétendants se sont inscrits chez la concierge en cas d'appartements vacants.

8 – Moi j'avais construit mon appartement avec d'autres entrepreneurs (les mieux) pour la plupart, engageant environ 260 000 de dépenses. Une grande part payée sur situation, d'autres me faisant un plus long crédit.

9 – Tout était fini, le chef de service Bâtiments de la Nation est mis à la porte, reconnu coupable de malversations. C'est lui qui avait conçu les moindres phases de l'aventure totale. Un nouveau le remplace.

Kouznetzoff n'arrive pas à payer les intérêts du prêt de la Nation (j'avais même payé de ma propre poche «pour en finir» la prise d'eau, l'abonnement et diverses dépenses, impératives, afin de pouvoir mettre l'immeuble en service). La Nation le met en demeure, met la Société Immobilière du Parc des Princes en faillite.

10 – Les ventes d'appartements ne s'étaient pas effectuées à cause de la crise générale du bâtiment. Seule une garçonnière en rez-de-chaussée, avait été payée totalement. Et moi j'avais payé mon plancher et j'avais construit à mes frais.

11 – La Nation cherche dès lors à se débarasser de nous (la garçonnière plus moi). Intente un procès. Mais malgré cela, c'est moi encore, qui épure toute la situation troublée par le Russe Blanc, et la rend nette aux yeux de la Nation (aux yeux du nouveau chef de la Nation Bâtiments).
Mais la Nation a une proie, elle veut la dévorer.

12 – Pendant la construction de mon appartement, Walter Jean, l'architecte m'avait dit amicalement : vous allez au devant des pires ennuis. Ne soldez pas votre dette de 110 000 - 80 000 = 30 000 francs, constituez vos 30 000 francs en une location amortissement en 20 années. On ne pourra rien contre vous. Le notaire admet cette proposition et passe l'acte sur papier timbré.

to avert the disaster caused by the White Russian, and threw it straight back into the face of "La Nation" (or rather in the face of the new head of "Nation Bâtiments").

However, "La Nation", having swooped on her prey, now wanted to devour it.

12 – Whilst my apartment was being constructed, the architect Walter Jean had told me in a friendly way that I was really asking for trouble. "Don't pay off your debt of 110,000 - 80,000 = 30,000 francs", he said. "Tie up your 30,000 francs in the form of a rent, payable over a period of twenty years. Then nothing can happen to you". The solicitor authorised this proposal, and drew it up on stamped paper.

However, I only had this officially recorded later, at the time when "La Nation" began court proceedings against me.

13 – The court case lasted up until 1939.
An initial court decision was taken regarding the bachelor's apartment, and its owners were evicted, on the premise that they were merely shareholders of a company that no longer existed, i.e. that had gone bankrupt. Concerning myself, the decision was as follows: you have been imprudent; you have built a property on land (the seventh floor) that does not belong to you, or which no longer belongs to you (on the same premise as above).

14 – This therefore meant that "La Nation", which had appointed and employed an engineering adviser to supervise the construction process, had allowed a stranger (me) to take over a surface area, to construct a two-floor apartment within it, and to even build the roof. All this had been done under their very noses, in a fraudulent manner, etc. etc !!
In fact, the truth was that the engineering adviser had been in constant contact with me and was fully aware of the situation.

15 – The court case was not yet over.
It remained to be proved that "La Nation", had knowingly, or unknowingly (?!) forgotten to have a roof constructed for the building, and that an outside party had taken it upon

Je ne le fais enregistrer que plus tard, au moment de l'action intentée contre moi par la Nation.

13 – Le procès traîne jusqu'en 1939.
Un premier jugement a condamné la garçonnière et expulsé ses propriétaires (jugement = vous ne possédez que des actions d'une société qui n'existe plus (en faillite). Me concernant le jugement dit : vous avez été imprudent, vous avez bâti sur un terrain (7ème plancher) qui ne vous appartient pas ou qui ne vous appartient plus (même raison que ci-dessus).

14 – Il demeure que la Nation qui avait désigné et employé un ingénieur conseil chargé de contrôler la construction, a laissé un inconnu (moi) s'installer sur un plancher, y planter sa maison de deux étages, et y faire le toit même de l'immeuble. Et cela à la barbe, frauduleusement etc. … etc .!!
La vérité c'est que l'ingénieur conseil avait été en contact permanent avec moi et connaissait les moindres questions en présence.

15 – Le procès n'est donc pas terminé.
Il reste à prouver qu'à son su, ou son insu (?!) la Nation a oublié de faire son toit et qu'un autre s'est permis de le faire sans autorisation ! (Tout ceci est d'un haut comique, puisque pendant trois années j'ai été au milieu du Russe Blanc et des entrepreneurs, le seul point fixe pour la Nation qui me considérait comme l'ami de la maison. J'ai vu son administrateur délégué, ses deux chefs successifs de la Nation Bâtiments, 20,40 fois !)

16 – Les juges ont eu mon dossier, présenté par Maître Philippe Lamour. Le dossier comportait les factures de mon appartement acquittées ou encore à solder partiellement.

17 – Pour finir, la Nation a envoyé un expert dans mon appartement pour évaluer sa valeur locative. Celui-ci «le trouvant extraordinaire de qualité» l'a taxé à 35 000 de location. Ce qui est une pure folie. Mon avocat a alors dit : payez le droit d'accession à la valeur que vous avez reconnue, c'est à dire à 5 % = 700 000 francs.

himself to carry out the construction without being authorised to do so!

(All this is extremely farcical, since for three whole years I had played the role of intermediary between the White Russian and the contractors and had acted as the very anchor for "La Nation", which in turn had treated me as a close connection of the establishment. I had met the Managing Director and the two successive heads of "Nation Bâtiments" at least twenty times!).

16 – My file lay in the hands of the judges, presented to them by the lawyer Philippe Lamour. This file contained invoices for my apartment that were either fully or partially settled.

17 – Finally, "La Nation" sent an assessor to my apartment to appraise its rental value. Having deemed it to be an apartment of "extremely high quality", the latter valued it at a rent of 35,000 francs. This was sheer madness. My lawyer therefore said: "pay the ownership rights for the fair value as you have have assessed it. At 5% this therefore equals a sum of 700,000 francs".

List of People who worked with Le Corbusier and Pierre Jeanneret on 24 N.C.
Liste des Collaborateurs de Le Corbusier et Pierre Jeanneret avant travaillé sur 24 N.C.

Altherr · Bader · Bosshardt · Castrillo · David · Ducret ·Grange · Miquel · Oswald · Perriand · Quillon · Sakakura · Sammer · Stephenson · Streb · West

Bibliography
Bibliographie

· Le Corbusier, Œuvre Complète : Tome 2 1929/1934 - Editions d'Architecture Erlenbach-Zurich (1ère Ed. 1935).

· Le Corbusier lui-même : Jean Petit, Editions Rousseau, Genève 1970.

· Le Corbusier : la Charte d'Athènes, Editions de Minuit, 1957.

· La question du logement dans l'évolution de l'urbanisme parisien (1600/1902) : François Laisney, Ecole d'Architecture de Paris/Belleville, 1986.

· Le Corbusier et la Méditerranée : Editions Parenthèses Marseille, 1987.

· Le Corbusier. Une Encyclopédie : C.C.I. Paris Centre Pompidou, 1987.

· Histoire Critique de l'Architecture Moderne : K. Frampton, Editions Sers.

· Le design du meuble au XXème siècle: Sembach/Leuthäuser/Gössel, Editions Taschen, 1989.

· Architecture d'aujourd'hui : numéro du 07/09/1934.

Illustration Credits
Crédits iconographiques

L'Œuvre de Le Corbusier chez Birkhäuser V/A
The Works of Le Corbusier published by Birkhäuser V/A

Le Corbusier
Œuvre complète/Complete Works 8 volumes

Français/English/Deutsch

Volume 1: 1910-1929
W. Boesiger, O. Stonorov (Ed.). 216 pages, 600 illustrations. Relié/hardcover
ISBN 3-7643-5503-4

Volume 2: 1929-1934
W. Boesiger, H. Girsberger (Ed.). 208 pages, 550 illustrations. Relié/hardcover
ISBN 3-7643-5504-2

Volume 3: 1934-1938
M. Bill (Ed.). 176 pages, 550 illustrations. Relié/hardcover
ISBN 3-7643-5505-0

Volume 4: 1938-1946
W. Boesiger (Ed.). 208 pages, 259 illustrations. Relié/hardcover
ISBN 3-7643-5506-9

Volume 5: 1946-1952
W. Boesiger (Ed.). 244 pages, 428 illustrations. Relié/hardcover
ISBN 3-7643-5507-7

Volume 6: 1952-1957
W. Boesiger (Ed.). 224 pages, 428 illustrations. Relié/hardcover
ISBN 3-7643-5508-5

Volume 7: 1957-1965
W. Boesiger (Ed.). 240 pages, 459 illustrations. Relié/hardcover
ISBN 3-7643-5509-3

Volume 8: 1965-1969
W. Boesiger (Ed.). Textes par/texts by A. Malraux, E. Claudius Petit, M. N. Sharma, U. E. Chowdhury.
208 pages, 50 couleur/color, 254 b/n, b/w illustrations. Relié/hardcover
ISBN 3-7643-5510-7

Le Corbusier
Œuvre Complète/Complete Works
8-volume set. En cassette/boxed. 1708 pages, 2687 photos, esquisses/sketches, plans.
Relié/hardcover
ISBN 3-7643-5515-8

Le Corbusier 1910-1965
W. Boesiger, H. Girsberger (Ed.). Français/English/Deutsch. 352 pages, 248 photos, 179 plans, 105 esquisses/sketches. Relié/hardcover
ISBN 3-7643-5511-5

Le Corbusier
Une petite maison
Textes et mise en page par Le Corbusier/written and designed by Le Corbusier. Français/English/Deutsch. 84 pages, 72 b/w illustrations. Brochure/softcover
ISBN 3-7643-5512-3

Le Corbusier
Studio Paperback
Willi Boesiger (Ed.). Français/Deutsch. 260 pages, 525 illustrations. Brochure/softcover
ISBN 3-7643-5550-6

Birkhäuser – Verlag für Architektur
Klosterberg 23
P.O. Box 133
CH-4010 Basel
Switzerland